AF609098

Würzburger Vorträge zur Rechtsphilosophie, Rechtstheorie und Rechtssoziologie

Herausgegeben von Horst Dreier
und Dietmar Willoweit

Begründet von Hasso Hofmann, Ulrich Weber
und Edgar Michael Wenz †

Heft 44

Uwe Volkmann

Darf der Staat seine Bürger erziehen?

Nomos

Vortrag gehalten am 9.11.2011

Die Deutsche Nationalbibliothek verzeichnet diese Publikation in der Deutschen Nationalbibliografie; detaillierte bibliografische Daten sind im Internet über http://dnb.d-nb.de abrufbar.

ISBN 978-3-8329-7387-2

1. Auflage 2012

Inhaltsübersicht

I. Erziehung als Trend

Die Frage, die den Titel dieses Vortrags bildet, enthält schon aus sich heraus eine Provokation. Legte man sie so, wie sie formuliert ist, einem beliebigen Bürger auf einer beliebigen Straße zur Beantwortung vor, wäre die erste und plausibelste Reaktion wahrscheinlich die einer entschiedenen Abwehr. Aufgefordert, noch einmal intensiver darüber nachzudenken, würde derselbe Bürger möglicherweise den einen oder anderen aus seinem Umfeld oder auch einzelne gesellschaftliche Gruppen nennen, an deren Verhalten ihn irgendetwas stört; er würde dann vielleicht sagen, dass man diese durchaus, wenn auch moderat, erziehen könne und solle, ihn selber aber weiterhin eher nicht. Erzogen werden können in dieser Sicht immer nur die anderen. Wer sich demgegenüber selbst Erziehungsbedürftigkeit bescheinigt, bescheinigt sich damit zugleich unabgeschlossene Charakterbildung, mangelnde Reife und intellektuelle Unmündigkeit, alles Eigenschaften, die man mit dem Eintritt ins Erwachsenenalter abgelegt zu haben glaubt. Staatliche Erziehung kommt in dieser Sicht folgerichtig nur dort in Betracht, wo es um Kinder und Jugendliche geht. Hier darf der Staat nicht nur erziehen, sondern muss es sogar; aus Art. 7 Abs. 1 GG kommt ihm ein prinzipieller Schul- und Erziehungsauftrag zu, der nach ständiger Rechtsprechung des Bundesverfassungsgerichts dem Erziehungsauftrag der Eltern sogar gleichgeordnet ist, sich mit diesen zu einer „gemeinsamen Erziehungsaufgabe" verbindet[1] und heute nur noch von einigen religiösen Außenseitern bestritten wird, deren Kampf um das „Homeschooling" von der aufgeklärten Mehrheit milde belächelt wird.[2] Auch im Übrigen wird das Kinder- und Jugendrecht, überhaupt die staatliche Einwirkung auf Kinder und Jugendliche weithin vom Erziehungsgedanken beherrscht, und wo man – wie im Jugendstrafrecht – darüber nachdenkt, sich von ihm zugunsten eines härteren Durchgreifens und schärferer Strafen zu verab-

1 BVerfGE 47, 46 (74ff.).

2 Zur rechtlichen Aussichtslosigkeit dieses Kampfes BVerfG, NJW 2009, 3151ff.; die – soweit ersichtlich – einzige Gegenstimme bei *J. Thurn/F. Reimer*, Homeschooling als Option?, NVwZ 2008, 718, dort der Teilbeitrag von *Reimer*, 720ff.

schieden, ersetzt man womöglich nur die eine Form der Erziehung durch eine andere.

Während dort aber Erziehung auch und gerade durch den Staat seit jeher ihren Platz hat, scheint sie nunmehr zunehmend auch auf dessen Verhältnis zu seinen erwachsenen Bürgern überzugreifen. Ob der Staat auch diese erziehen darf oder nicht, scheint dabei gar nicht mehr die Frage; jedenfalls tut er es, und offenbar immer öfter. Das Beispiel, an dem sich die Entwicklung für die meisten am ehesten festmachen wird, ist sicherlich der staatliche Feldzug gegen das Rauchen, der sich in dem Ausmaß, in dem er derzeit betrieben wird, allein mit Erwägungen zum Schutz der Nichtraucher nicht mehr ausreichend begründen lässt. Wenn etwa – wie nunmehr in Bayern – das Rauchen in Gaststätten nun auch in solchen Räumen untersagt ist, in denen ausschließlich Raucher selber sitzen,[3] geht es ganz offensichtlich auch um eine disziplinierende Einwirkung auf diese selbst, also um eine Form von Erziehung, ebenso wie sich auch das Rauchverbot im Dienstzimmer einer Professorin, das nur von dieser selbst genutzt wird, so und nur so verstehen lässt: als „ein Schritt in Richtung einer staatlichen Inpflichtnahme zu einem ‚guten Leben'", wie man für solche Fälle bis in das Bundesverfassungsgericht hinein gemutmaßt hat.[4] Die sich derzeit abzeichnenden, von einigen Kommunen auch bereits ausprobierten Beschränkungen des Alkoholkonsums im öffentlichen Raum scheinen in eine ähnliche Richtung zu weisen,[5] und überhaupt wächst die Sympathie für staatliche Verbote gegenüber allem und jedem, wie ein von entschiedenen „Freunden der Freiheit" von nun an jährlich herausgegebener „Freiheitsindex" aus-

3 Siehe das Bayerische Gesetz zum Schutz der Gesundheit vom 13. Juli 2010 (GVBl 2010, S. 314); dieses geht seinerseits auf das Ergebnis einer Volksabstimmung vom 04. Juli 2000 zurück.

4 So das Minderheitsvotum *J. Masing* zu einem ausnahmslosen Rauchverbot, BVerfGE 121, 317 (385).

5 Zur rechtswissenschaftlichen Debatte *K. Faßbender*, Alkoholverbote durch Polizeiverordnungen: per se rechtswidrig?, NVwZ 2009, 563; *W. Hecker*, Zur neuen Debatte über Alkoholkonsumverbote im öffentlichen Raum, NVwZ 2009, 1016.

weist.[6] Im angelsächsischen Sprachraum werden solche Entwicklungen, die dort ebenfalls zu beobachten sind, bereits unter dem Begriff des „nanny state" diskutiert; darin klingt eine Ahnung vom bevorstehenden Ausmaß des Ganzen ebenso an wie das Unbehagen, das sich damit verbindet.[7]

1. Beobachtungen auf verschiedenen Feldern

Indessen wird der Trend zur Erziehung nicht nur in der Stigmatisierung des Rauchens oder des Trinkens in der Öffentlichkeit sichtbar, und nicht immer sind es hochemotional geführte öffentliche Debatten, an denen er sich festmachen lässt. Im Gegenteil kann man bei nüchterner Betrachtung durchaus den Eindruck gewinnen, dass er sich in den letzten Jahren nochmals verstärkt hat und auf immer weitere Felder ausgreift. In der Folge wird auch das Recht immer mehr mit erzieherischen Elementen durchsetzt, und zwar in fast allen seinen Teilgebieten. Im *Privatrecht*, dem schon vor längerer Zeit bescheinigt worden ist, von einem Reich der Freiheit in eine „materiale Ethik sozialer Verantwortung" überführt worden zu sein,[8] treten sie heute hervor in der Einschränkung der Privatautonomie durch eine auf europäische Initiative hin entfaltete Politik des Diskriminierungsschutzes, die hierzulande kürzlich im Erlass des Allgemeinen Gleichbehandlungsgesetzes (AGG) gipfelte.[9] Sieht man sich dessen Zielformulierung in § 1 sowie die bisherige Praxis seiner Anwendung an, drängt sich der Eindruck auf, dass es hier gar nicht um die nachträgliche Beseitigung dieser oder jener einzelnen Diskriminierung geht; die vielfach befürchtete Prozesswelle, die von ver-

6 Wie halten es die Deutschen mit der Freiheit? – „Freiheitsindex Deutschland" 2011, hrsgg. vom John Stuart Mill Institut für Freiheitsforschung und dem Institut für Demoskopie Allensbach, dort S. 11ff.; die Adressierung an die „Freunde der Freiheit" auf S. 3.

7 Zum „Nanny State" am Beispiel Australiens *J. Buchsteiner*, Australien erstickt an seinen Vorschriften, F.A.Z. v. 08.02.2011, S. 6.

8 *F. Wieacker*, Industriegesellschaft und Privatrechtsordnung, 1974, S. 24.

9 Allgemeines Gleichbehandlungsgesetz v. 14. August 2006, BGBl. I, S. 1897, zuletzt geändert durch Art. 15 Abs. 66 des Gesetzes v. 05. Februar 2009, BGBl. I, S. 160.

schiedenen interessierten Seiten als Menetekel an die Wand gemalt wurde, ist denn auch bislang ausgeblieben. Stattdessen könnte es eher darum gehen, langfristig ein gesellschaftliches Klima zu erzeugen, in dem und aus dem heraus es erst gar nicht mehr zu Diskriminierungen kommt. Gerade deshalb ist das Vorhaben von hiesigen Zivilrechtlern geradezu gegeißelt worden: als eine „semantische Erziehungsdiktatur" und „jakobinisches Tugendwächtertum",[10] sogar als neuer „Totalitarismus".[11] Im *Handels- und Gesellschaftsrecht* sind – und nicht unwesentlich auf staatlichen Anstoß hin – Regelwerke für „Compliance" oder „Corporate Governance" formuliert worden, die in einem unklaren Zwischenreich zwischen Recht und Moral liegen und auf eine stärkere Verankerung ethischer Grundsätze in Unternehmen zielen. Soweit Unternehmen an der Börse notiert sind, müssen sie sich dazu nach dem neuen Bilanzrechtsmodernisierungsgesetz demnächst erklären, was sich in ihrer Außendarstellung gut oder schlecht macht und damit sanften Druck ausübt, das entsprechende Regelwerk für sich zu übernehmen.[12] Das *Vergaberecht* macht die Vergabe öffentlicher Aufträge nicht mehr nur von Gesichtspunkten der Fachkunde oder Leistungsfähigkeit abhängig, sondern in steigendem Maße auch von sogenannten vergabefremden Kriterien, die von der Einhaltung bestimmter ökologischer Standards über die Zahlung der Tariflöhne bis hin zu Gesichtspunkten der Frauenförderung, den Verzicht auf Kinderarbeit oder die Integration von Behinderten reichen.[13] Das *Recht der Gefahrenabwehr* erlebt seit einigen Jahren eine Renaissance der „öffentlichen Ordnung", bei der es, präpariert man aus deren klassischer Definition den Kern heraus, ganz

10 So *F.-J. Säcker*, „Vernunft statt Freiheit!" – Die Tugendrepublik der neuen Jakobiner, ZRP 2002, 286ff.

11 *J. Braun*, Übrigens – Deutschland wird wieder totalitär, JuS 2002, 424 (426). Wohltuend abgewogen demgegenüber, wenn auch von unterschiedlichen Standpunkten aus, *M. Jestaedt* und *G. Britz*, Diskriminierungsschutz und Privatautonomie, VVDStRL 64 (2005), 298ff. und 355ff.

12 Maßgeblich vor allem der Deutsche Corporate Governance Kodex (DCGK), abrufbar unter https://www.ebundesanzeiger.de/download/D059_kodex2.pdf; rechtliche Verankerung unter anderem in § 161 AktG oder § 289a HGB.

13 Die Literatur ist mittlerweile ebenso unübersehbar wie die Gesetzeslage, vgl. zum tatsächlichen Befund *M. Burgi*, Vergabefremde Kriterien, in: E. Grabitz/M. Hilf (Hrsg.), Das Recht der Europäischen Union, 40. Aufl. 2009, B 13 Rn. 1ff.

allgemein darum geht, ungehöriges, aber sonst noch nicht unmittelbar verbotenes Verhalten zurückzudrängen, letztlich also darum, das zu erzwingen, was man früher einfach Sitte oder Anstand nannte. Auf dieser Grundlage schreiten Ordnungsbehörden und Kommunen etwa gegen die Veranstaltung stilisierter Kampfspiele oder ein Nacktradeln am „Weltnacktradeltag" ein, aber auch gegen bestimmte Formen der Bettelei und das Nächtigen in Grünanlagen;[14] in diesen Zusammenhang gehören auch die eingangs bereits angesprochenen Beschränkungen des Alkoholkonsums im öffentlichen Raum.[15] Im *Umweltrecht* ist bereits die erste Dissertation mit dem Titel „Edukatorisches Staatshandeln" erschienen; sie handelt, wie man im Untertitel nachlesen kann, von den Anstrengungen, die der Staat zur Hebung der „Abfallmoral" unternimmt.[16] Seit dem ersten Umweltprogramm der Bundesregierung aus den Jahren 1971 gehört es folgerichtig hier zum erklärten Ziel des Staates, das Umweltbewusstsein der Bürger zu fördern, wie es auch im ursprünglichen Entwurf für ein einheitliches Umweltgesetzbuch ganz offen ausgesprochen war,[17] und zahlreiche Instrumente wie das Öko-Audit zielen in diesem Sinne gerade auf ein staatlich induziertes soziales Lernen.[18] Möglicherweise steckt auch in der Umfunktionierung des gesamten Verwaltungsrechts auf eine neuartige Steuerungsperspektive ein durchaus erzieherisches Element.[19] Aber wer einmal hinreichend sen-

14 Zu den Kampfspielen BVerwGE 115, 189 - Laserdrome; anders jetzt NdsOVG, NdsVBl 2010, 268 in Bezug auf das „Paintball"-Spiel; hier wird allerdings in periodischen Abständen über ein gesetzliches Verbot diskutiert, vgl. BR-Drucksache 577/2/09. Zum Fall des Nacktradelns VG Karlsruhe, NVwZ 2006, 241.

15 Siehe oben Fn. 5; allgemein bereits *R. Störmer*, Renaissance der öffentlichen Ordnung, Die Verwaltung 30 (1997), 233ff.; *F. Fechner*, Öffentliche Ordnung – Renaissance eines Begriffs?, JuS 2003, 734ff.

16 *J. Lüdemann*, Edukatorisches Staatshandeln. Steuerungstheorie und Verfassungsrecht am Beispiel der staatlichen Förderung von Abfallmoral, 2004.

17 Umweltprogramm der Bundesregierung 1971, BT-Drucks. VI/2010; Bundesministerium für Umwelt, Naturschutz und Reaktorsicherheit (Hrsg.), Umweltgesetzbuch (UGB-KomE), 1998, dort § 3 Abs. 2.

18 Zu dieser Funktionsweise *R. Schmidt/W. Kahl*, Umweltrecht, 8. Aufl. 2010, § 1 Rn. 92.

19 Dies jedenfalls die Grundthese von *F. Schorkopf*, Regulierung nach den Grundsätzen des Rechtsstaates, JZ 2008, 20ff., der darin „die Rückkehr älterer Zielvorstellungen guter Ordnung" erkennen will.

sibilisiert ist, mag dieses überall entdecken: in einer Arbeitsmarktreform, die nicht zuletzt den Willen zur Arbeit, in der Familienpolitik, die den Entschluss zur Familie, im Ausländerrecht, das die Bereitschaft zur Integration fördern soll.[20] Und ganz am Ende kommt Erziehung vielleicht auch dort ins Spiel, wo es um Leben und Tod geht: in der nunmehr diskutierten Einführung einer Erklärungspflicht zur Organspende, mit der der Druck auf die noch Unentschlossenen sanft erhöht werden soll,[21] oder in den Beschränkungen, denen das Recht am eigenen Sterben bis heute unterworfen ist.[22]

2. *Systematisches Tableau*

In alledem lässt sich ein Grundzug erkennen, den man ohne große Mühe unter den Begriff der Erziehung fassen kann, und soweit diese vom Staat ausgeht, handelt es sich in polemischer Zuspitzung eben auch um Staatserziehung. Diese erfolgt nicht immer unverstellt und direkt, mit Hilfe des staatlichen Zwangsinstrumentariums, sondern öfters auf Umwegen oder mit Mitteln einer bloß indirekten Einwirkung, ohne dass sie aber dadurch schon ihren Charakter verliert; auch Verbote und Zwang kommen im Übrigen durchaus vor. Von hier aus könnte eine Systematisierung in etwa an den Kategorien ansetzen, die man auch sonst für staatliche Steuerung entwickelt hat.[23] Staatserziehung kommt danach heute im Wesentlichen in vier verschiedenen Formen vor: An erster Stelle

20 Zur Arbeitsmarktreform siehe den „Grundsatz des Forderns“ in § 2 SGB II; zum Ziel der Integration im Ausländerrecht nunmehr §§ 43ff. AufenthG. Zur Problematik einer Familienpolitik, die vor allem die Reproduktionsrate heben soll, nunmehr *F. Brosius-Gersdorf*, Demografischer Wandel und Familienförderung, 2011, insbes. S. 159ff., 198ff.

21 Vgl. BT-Drucks. 17/7376 S. 29.

22 Siehe dazu *S. Kirste*, Paternalismus am Lebensende, in: M. Anderheiden/H. J. Bardenheuer/W. U. Eckart (Hrsg.), Ambulante Palliativmedizin als Bedingung einer ars moriendi, 2008. Nach langjährigen Diskussionen gelten nun endlich Patientenverfügungen als verbindlich, siehe § 1901 BGB.

23 Vorzügliche Zusammenstellung: *H. Schulze-Fielitz*, Grundmodi der Aufgabenwahrnehmung, in: W. Hoffmann-Riem/E. Schmidt-Aßmann/A. Voßkuhle (Hrsg.), Grundlagen des Verwaltungsrechts, Bd. 1, 2. Aufl. 2011, § 12.

steht die Erziehung durch *rechtlichen Zwang*, also durch unmittelbar verpflichtende oder einklagbare Normen, die entsprechend dem klassischen Sinn des Rechts privatautonomes Handeln beschränken. Der klassische Fall ist sicher die Unterbindung unerwünschten Verhaltens mit den Mitteln des Straf- oder Ordnungsrechts; es fällt darunter aber etwa auch eine Regelung wie das Allgemeine Gleichbehandlungsgesetz, das sich vom klassischen ordnungsrechtlichen Instrumentarium nur dadurch unterscheidet, dass die Rechtsdurchsetzung hier – in Gestalt eines klagbaren Anspruchs auf Vertragsabschluss beziehungsweise auf Entschädigung im Diskriminierungsfall (§ 21 AGG) – in die Hände von Privaten gelegt ist. Eine zweite Form bilden *rechtliche Anreizstrukturen*, wie sie seit jeher aus dem Steuerrecht bekannt sind; dieses prämierte schon immer bestimmte als gemeinnützig geltende Tätigkeiten durch Gewährung von Nachlässen auf die Steuerschuld, um sie so eben auch zu fördern.[24] Heute lässt sich etwa die zunehmende Imprägnierung des Vergaberechts mit vergabefremden Kriterien unter dieses Muster fassen; hier bildet der Erhalt des öffentlichen Auftrags den Anreiz, der das sich bewerbende Unternehmen zu entsprechenden Dispositionen veranlassen soll. Eine dritte Form schließlich lässt sich unter den Sammelbegriff des *tatsächlichen Handelns* fassen, der alle sonstigen nichtimperativen, bloß influenzierenden Instrumente umfasst. Darunter fallen als selber nun schon fast klassische Handlungsformen vor allem die staatlichen Informationen und Warnungen, die von einzelnen punktuellen Hinweisen bis hin zu ganzen Kampagnen – gegen die Gefahren des Rauchens, gegen übermäßigen Alkoholkonsum, für Safer Sex – reichen; es fallen darunter aber auch informale Kooperationsbeziehungen wie bei den bekannten runden Tischen, die von Kommunen mit Gaststätten- und Diskothekenbetreibern einberufen werden, um das Unwesen der sogenannten Flatrate-Partys einzudämmen.[25] Oft sind es aber als vierte und vielleicht wichtigste Kategorie *Mischformen*, die in einem unklaren Zwischenreich zwischen Zwang und Freiwilligkeit angesiedelt sind, ein bestimmtes Verhalten mehr oder weniger nur nahelegen, dies aber doch so

24 Vgl. dazu *M. Droege*, Gemeinnützigkeit im offenen Steuerstaat, 2010, S. 13ff.; zur Legitimation S. 318ff.

25 Vgl. als Beispiel *K. Kaller/S. Jukl*, Maßnahmen gegen „Flatrate-“ und „Billigalkohol-Partys“ am Beispiel des Vorgehens der Stadt Nürnberg, KommJur 2007, 441ff.

deutlich, dass sich der Betroffene kaum entziehen kann. So mag sich etwa ein Unternehmer keinen Deut um die Einhaltung der in einem Vergabegesetz festgelegten Kriterien der Tariftreue, der Beachtung von Umweltbelangen oder der Haltung zur Gleichstellung im Betrieb scheren; er bekommt dann aber eben auch keine öffentlichen Aufträge. Oder die Andeutungen sind so, dass der Schritt auf die nächsthöhere Eskalationsstufe schon zu erahnen ist, wie man es sich bei den Gaststättenbetreibern, die die Einladung an den angesprochenen runden Tisch verweigern, gut vorstellen kann. Und auch dort, wo unmittelbar mit Befehl und Zwang gearbeitet wird, tritt der edukatorische Effekt in vielen Fällen nicht schon mit der Befolgung der äußeren Anordnung ein, sondern nur als eine mittelbare und erhoffte Folge, die eintreten kann, aber nicht muss. So kann man etwa die Verpflichtung eines Ausländers, an einem Integrationskurs teilzunehmen (vgl. § 44a AufenthG), zwangsweise durchsetzen; für die Integration selbst und die Bereitschaft dazu ist damit aber möglicherweise noch gar nichts gewonnen. So gesehen liegt in dieser speziellen Verpflichtung vielleicht auch ein Symbol für die Erziehung insgesamt, nur dass es dabei nicht um die Bürger des Staates geht, sondern um andere oder solche, die es erst werden sollen.

II. Zur Lokalisierung des Problems

Von diesen Überlegungen aus lässt sich möglicherweise auch klarer erkennen, worum es bei dieser Form der Einwirkung geht und worum es nicht geht; ebenso mag man bereits einen Eindruck davon gewinnen, was daran eigentlich als störend, unangenehm oder sogar ganz ungehörig empfunden wird. Das Problem liegt ja in all den genannten Fällen und über die unterschiedlichen Formen der Einwirkung hinweg nicht darin, dass der Staat seinen Bürgern überhaupt ein bestimmtes Verhalten verbietet oder ihnen ein anderes vorschreibt, nahelegt oder anempfiehlt: Das gehört geradezu zum geschichtlichen Wesen des Staates, und welchen Inhalt seine Ge- und Verbote haben, hängt letztlich von den Aufgaben ab, die ihm zur Erfüllung zugewiesen sind. Es liegt auch nicht, jedenfalls nicht ohne weiteres, in den sachlichen Zielen, die der Staat im konkreten Fall verfolgt: Von der Beseitigung von Diskriminierungen über die Förderung des Umweltschutzes bis hin zur Integration von Ausländern handelt es sich durchweg um Ziele, von denen eine Mehrheit ohne weiteres sagen würde, dass der Staat sie legitimerweise verfolgen kann, vielleicht sogar muss. Es liegt zuletzt auch nicht, jedenfalls nicht ohne weitere Zwischenüberlegungen, in den dazu eingesetzten Mitteln, die sich so oder ähnlich in allen Bereichen des Staats- und Verwaltungshandelns finden lassen.[26] Das Problem liegt vielmehr auf einer allgemeineren und grundsätzlichen Ebene, auf der es um das geht, was man ganz allgemein die Moral der Bürger nennt: Das gemeinsame Moment – eben das Erzieherische – in den genannten Fällen besteht ja gerade darin, dass der Staat hier auf diese Moral, sei es eine individuelle oder eine gesellschaftliche Moral, Einfluss zu nehmen versucht, sie in eine bestimmte Richtung lenken oder programmieren will; es besteht, wie man auch sagen kann, in der Hinführung der Bürger zur Tugend. Dies wirft zwei, möglicherweise auch drei miteinander zusammenhängende Fragen auf. Die erste Frage lautet, ob die Moral in diesem Sinne überhaupt ein Thema für den Staat ist. Sie wird in der Philosophiegeschichte üblicherweise unter der etwas spezielleren Überschrift diskutiert, ob der Staat moralische Normen – in der Regel eine bestimmte Sozialmoral,

26 *Schulze-Fielitz* (Fn. 23), Rn. 24ff.

also mehrheitlich geteilte moralische Überzeugungen – gerade mit Hilfe seines Rechts durchsetzen darf oder möglicherweise sogar muss.[27] Das ist das *Problem des Verhältnisses von Recht und Moral*. Die zweite Frage knüpft unmittelbar daran an, geht aber noch ein Stück tiefer; sie betrifft die Wirkungsweise moralischer Normen. Diese wenden sich typischerweise an das Innere des Menschen, ihre Befolgung gilt traditionell als eine Sache des Gewissens und der persönlichen Einstellung. Wenn dies aber so ist, bezweckt der Staat in alledem eben nicht nur, wie man es dem Recht heute am ehesten zuschreibt, die Regelung des äußeren Verhaltens, sondern auch eine Einwirkung auf dieses Innere, auf die Einstellungen und die Gesinnungen, so wie eben auch die Erziehung im Jugendstrafrecht nicht nur auf ein äußerlich rechtstreues Verhalten zielt, sondern auf die Internalisierung der maßgeblichen Normen, im Sinne einer auch inneren Einkehr und Umkehr. Das ist das *Problem einer staatlichen Gesinnungslenkung*.[28] Eine dritte und letzte Frage ist erreicht, wo es ausschließlich um den Betroffenen selbst geht und der Staat für sich in Anspruch nimmt, besser als dieser zu wissen, was für ihn gut ist. Das ist das *Problem eines staatlichen Paternalismus*, wie er etwa aus der allgemeinen Mobilmachung gegen das Rauchen durchaus auch herauszuhören ist.

27 Klassische Kontroverse: die Hart-Devlin-Debatte über die Strafbarkeit der Homosexualität, vgl. einerseits *P. Devlin*, The Enforcement of Morals, 1959; *H. L. A. Hart*, Law, Liberty, and Morality, 1963.

28 Siehe dazu als ebenfalls schon klassischer Text: *E.-W. Böckenförde*, Der Staat als sittlicher Staat, 1978.

III. Das Problem aus der Perspektive der Verfassung

Zusammen münden diese Teilfragen in die eine und übergreifende Frage, ob der Staat seine Bürger in diesem Sinne zur Tugend hinführen darf. Der Jurist, der es gewohnt ist, sich irgendwo festzuhalten, wenn es um solche tiefgründigen Fragen geht, würde sich bei der Suche nach einer Antwort wahrscheinlich zunächst in der Verfassung orientieren, deren Aufgabe in der traditionellen Sicht vor allem darin besteht, dem Staat in seinem Handeln Fesseln anzulegen. Lassen sich ihr in diesem Sinne Hinweise für die Lösung entnehmen, errichtet sie gar eine prinzipielle Grenze für Staatserziehung? Wer genauer hinsieht, wird sagen müssen: Das tut sie eigentlich nicht. Durchforstet man dazu unvoreingenommen die gewaltigen Bestände, die Rechtsprechung und Literatur in über sechzig Jahren Beschäftigung mit dem Grundgesetz aufgehäuft haben, wird man jedenfalls wenig Einschlägiges finden; was hier an Ansatzpunkten – im Sinne bestimmter dogmatischer Figuren, eingespielter Argumentationsleitlinien oder immer wiederkehrender inhaltlicher Aussagen – auf den ersten Blick fruchtbar gemacht werden könnte, erweist sich auf den zweiten meist als kaum tragfähig. Im Gegenteil könnte es sein, dass die Verfassung in der Deutung, die sie mittlerweile erhalten hat, die Entwicklung gar nicht begrenzt, sondern diese selber mit vorangetrieben hat und weiter vorantreibt, sie also das Problem gar nicht löst, sondern selber eine seiner wesentlichen Ursachen ist.

1. Grundrechtlicher Schutz vor Staatserziehung?

Als mögliche Grenzen für staatliches Erziehungshandeln kommen zuerst und hauptsächlich die Grundrechte in Betracht, insoweit diese nach traditioneller Auffassung eine Sphäre markieren, die dem Zugriff des Staates im Ausgang entzogen ist und jeden solchen Zugriff bestimmten Rechtfertigungsanforderungen unterwirft. Eine verbindliche Generallinie etwa in dem Sinne, dass ihn die Moral seiner Bürger oder gar der Gesellschaft insgesamt nichts angeht, ergibt sich aus ihnen aber nicht. Von vornherein zu weit ginge es jedenfalls, dafür als schwerstes Geschütz gleich die Garantie der Menschenwürde aus Art. 1 Abs. 1 GG zu mobilisieren, und zwar auch dann, wenn man diese mit einer neueren Konzeption wesentlich auf eine „innere Freiheit" im Sinne von „Geistesfreiheit" beziehen wollte: Was im hier interessierenden Zusammenhang an Einwirkungsversuchen auf den Einzelnen in Rede steht, erreicht nicht einmal ansatzweise die Schwelle, von der an eine Verletzung der Menschenwürde auch nur diskutiert werden könnte.[29] Allenfalls könnte man versuchen, verschiedene grundrechtliche Einzelgewährleistungen zu einer übergreifenden Garantie von Privatheit oder des „Privaten" zusammenzuziehen, die dann im Sinne eines Sammelbegriffs alles umfasste, was nur Sache des Einzelnen, aber eben nicht des Staates ist. In der Tat wollen viele dazu auch die Moral des Bürgers rechnen und sehen gerade hier den entscheidenden Punkt.[30] Dem ist allerdings entgegenzuhalten, dass das Private nicht als ein gegenständlicher Bereich existiert, der an bestimmten objektiven Kriterien festgemacht werden kann, sondern nur in seiner Abgrenzung zum Öffentlichen, die wiederum wesentlich das Resultat einer gesellschaftlichen Übereinkunft ist. Auch der Grenzverlauf liegt damit aber nicht ein für allemal fest, sondern hängt selber von dieser Übereinkunft ab und ist insoweit beweglich. Für ein absolutes Eingriffsverbot ließe sich deshalb allenfalls noch an den „unantastbaren Kernbereich privater Lebensgestaltung" anknüpfen, den das Bundesverfassungsgericht in verschiedenen Entscheidungen zu polizeilichen Observations- und Ermittlungsbefugnissen aus der Taufe geho-

29 Das Konzept bei *C. Goos*, Innere Freiheit, 2011; es soll prinzipiell auch ein „striktes Indoktrinationsverbot" einschließen, ebda., S. 139ff., 176ff. Das ist eine radikale Neubegründung, die eine umfassendere Auseinandersetzung verdiente, als sie an dieser Stelle möglich ist. Auch *Goos* selbst würde in den hier zu diskutierenden Fällen aber wohl nicht auf eine Verletzung der Menschenwürde erkennen wollen, vgl. die Beispiele auf S. 177. Richtig m.E. *Lüdemann* (Fn. 16): Bezug zur Menschenwürde erst bei zwanghaften Zugriffen wie der „Gehirnwäsche" etc.; ähnlich in der Sache *H. Faber*, Innere Geistesfreiheit und suggestive Beeinflussung, 1968, S. 30ff.

30 Sorgfältig nachgezeichnet bei *Britz* (Fn. 11), 368ff. In eine andere Richtung geht demgegenüber der Ansatz von *Lüdemann* (Fn. 16), S. 110f., der über das allgemeine Persönlichkeitsrecht aus Art. 2 Abs. 1 i.V.m. Art. 1 Abs. 1 GG auch eine prinzipielle „Einstellungsfreiheit" des Menschen gewährleistet sieht; auch dieses stellt aber, wie er selbst herausarbeitet, keine unübersteigbare Schranke dar. Umfassende Untersuchung und Diskussion verschiedener Ansätze bereits bei *Faber* (Fn. 29).

ben hat.[31] Jedoch richtet sich dieser weniger gegen eine sachliche Einflussnahme als vielmehr gegen Ausspähung und Beobachtetwerden, und die meisten der hier betroffenen Verhaltensweisen – vom Abschluss privatrechtlicher Verträge über das allgemeine Betragen im öffentlichen Raum bis hin zum Genuss von Zigaretten – würden als Teil der Sozialsphäre von vornherein nicht darunter fallen. Dass diese Einflussnahme, soweit sie auf eine Veränderung innerer Einstellungen zielt, als solche bereits ein Thema der Gewissensfreiheit aus Art. 4 Abs. 1 GG ist, wird vollends niemand behaupten wollen.

Angesichts dessen könnte sich eine allgemeine Schranke edukatorischen Staatshandelns aus den Grundrechten nur noch dann ergeben, wenn diese ihrerseits nur als spezielle Ausformungen eines allgemeineren Grundsatzes „ethischer Neutralität" des Staates erschienen, der diesem jede Förderung einer bestimmten Form des „guten Lebens" untersagt.[32] Ein solches Konzept schließt in prinzipiell sinnvoller Weise an die sozialphilosophischen und verfassungstheoretischen Grundannahmen an, die dem Grundgesetz implizit zugrunde liegen, und sucht sie für dessen Inhalt fruchtbar zu machen. Allerdings ist der philosophische Begriff des „guten Lebens" für sich zu unbestimmt, als dass sich damit juristisch verlässlich arbeiten lässt.[33] Sicher lässt sich insoweit nur sagen, dass der Staat zu strikter Neutralität in Fragen der Religion und – in der eingeschränkten Bedeutung des Begriffs – der Weltanschauung verpflichtet ist; das folgt schon aus Art. 4 Abs. 1, 2 GG und den inkorporierten Kirchenartikeln der Weimarer Reichsverfassung. Hier scheidet dementsprechend auch staatliche Erziehung jedenfalls in dem Sinne aus, dass sie den Einzelnen von seinem Glauben oder seiner Weltanschauung

31 Grundlegend BVerfGE 109, 279 (313f.) – Großer Lauschangriff; 120, 274 (338f.) – Onlinedurchsuchung.

32 Dazu grundsätzlich *S. Huster*, Die ethische Neutralität des Staates, 2002, S. 5ff., 47ff.; zum Inhalt als „Begründungsverbot" S. 98ff.: Keine staatliche Maßnahme darf danach mit der Vorzugswürdigkeit einer bestimmten Konzeption des guten Lebens begründet werden.

33 Vgl. bereits *G. Britz*, Kulturelle Rechte und Verfassung, 2003, S. 233f. m.w.N.

wegführen will.[34] Um diese Fälle aber geht es hier gar nicht, und dass auch für alle anderen grundrechtlichen Schutzgüter ein ähnlich striktes Neutralitätsgebot gilt, wird sich kaum begründen lassen.[35] Maßstab für die Zulässigkeit von Staatserziehung können dementsprechend immer nur die je konkret betroffenen Grundrechte sein, für deren weitere Prüfung dann alles darauf hinausläuft, ob der Grundsatz der Verhältnismäßigkeit gewahrt ist. Die Zulässigkeit richtet sich unter diesen Voraussetzungen wesentlich nach der Legitimität der verfolgten Sachziele; wird diese erst einmal bejaht, gibt es von Verfassungs wegen – abgesehen von einzelnen von vornherein ausgeschlossenen Extremen wie der Folter – keinen Numerus clausus der Mittel, die zu ihrer Erreichung eingesetzt werden dürfen. Vielmehr kann der Staat grundsätzlich die Mittel wählen, die das Problem aus seiner Sicht am ehesten lösen. Auch Erziehung ist dann als Mittel nicht von vornherein ausgeschlossen, sondern muss sich nur darauf befragen lassen, ob sie geeignet, erforderlich und angemessen ist, um das jeweilige Ziel zu erreichen. Selbst ein unmaskierter Paternalismus ist nicht prinzipiell illegitim; der neue Standardsatz des Bundesverfassungsgerichts in diesem Zusammenhang lautet, es sei ein „legitimes Gemeinwohlanliegen …, Menschen davor zu

34 Anders liegt es nach dem für die Bundesrepublik prägenden Verständnis positiver oder übergreifender Neutralität, soweit es um die Förderung des Einzelnen in einer von ihm selbst gewählten Religion geht; das zeigt schon die Veranstaltung des Religionsunterrichts als ordentliches Lehrfach nach Art. 7 Abs. 3 GG. Ob und inwieweit dann auch hier steuernde oder moderierende Einflussnahmen des Staates zulässig sind, wie es derzeit mit Blick auf das Angebot islamischen Religionsunterrichts als Abwehr fundamentalistischer Strömungen, behutsame Förderung eines mit Demokratie und Rechtsstaatlichkeit verträglichen Islams etc. diskutiert wird, ist ein Thema für sich; auch hier verbieten sich jedenfalls einfache Antworten.

35 Die Referenzbeispiele bei Huster beziehen sich dementsprechend wesentlich auf die Bereiche religiöser und kulturell bestimmter Lebensführung, vgl. *Huster* (Fn. 32), S. 127, 314ff., 371ff.; genannt wird ferner das von Art. 6 GG geschützte Zusammenleben von Eltern und Kindern oder die unter dem besonderen Schutz des Art. 5 Abs. 3 GG stehende Kunstfreiheit, S. 436ff., 488ff. Nichts davon ist in den Fällen, um die es hier geht, auch nur andeutungsweise betroffen, vgl. oben die Beispiele unter I. 1. Der staatliche Kampf gegen das Rauchen – im Minderheitsvotum *Masing* ebenfalls als Beispiel einer Inpflichtnahme für das „gute Leben" gedeutet (Fn. 4) – betrifft demgegenüber allenfalls den Anwendungsbereich des Art. 2 Abs. 1 GG, der im praktischen Ergebnis *alles* schützt; dass man hier den Staat nicht a priori zu strikter Neutralität verpflichten kann, versteht sich von selbst.

bewahren, sich selbst einen größeren persönlichen Schaden zuzufügen".[36] Das mag man kritisieren, weil es dort, wo es steht, nicht weiter begründet worden ist.[37] Eine mögliche Stütze könnte der Satz jedoch bereits im Sozialstaats- oder Solidaritätsprinzip finden, die beide eben auch dem Gedanken einer wechselseitigen Verantwortung füreinander verhaftet sind.[38] Vor allem dürfte er sich aber aus dem Bestreben erklären, die Freiheit des demokratischen Gesetzgebers zu politischer Entscheidung nicht schon auf der Ebene der Zielformulierung zu beschränken. Dass diese Freiheit schon a priori nicht bestehen soll, der Staat also nicht einmal in der Lage sein soll, zur Verhinderung schwerer Selbstschädigungen – nur um diese wird es vernünftigerweise gehen – einzuschreiten, wenn es demokratisch beschlossen ist, ist dann selber nur eine Behauptung. Im Übrigen kennzeichnet es die Schwierigkeit der Frage, dass das Gericht ausdrückliche Stellungnahmen zu ihr nach Möglichkeit meidet; wo sich das Problem – wie in den Fällen der Gurt- und Helmpflicht im Straßenverkehr oder dem Verbot des Cannabis-Rauchens – ebenfalls stellt, weicht man oft auf andere Begründungen aus, die die jeweils betroffene Maßnahme auf eine unverfänglichere Weise rechtfertigen können.[39]

2. *Moral als Tabuzone?*

Dass die Verfassung auf die Frage nach der Zulässigkeit von Staatserziehung keine eindeutige Antwort gibt, zeigt sich auch dann, wenn man den Kern dieser Erziehung wie hier im Versuch einer Hebung, Beför-

36 BVerfG, NJW 1999, 3399 (3401); ebenso BVerfGE 60, 123 (132) – Transsexuelle.

37 *Kirste* (Fn. 22), JZ 2011, 809 und 811, dort in der Gegenüberstellung mit älteren Aussagen des Gerichts.

38 Zur weiteren Rechtfertigung entsprechender Beschränkungen aus der Figur der Schutzpflichten siehe noch unten III.

39 Im Falle der Gurt- und Helmpflicht sind dies etwa die Folgekosten für die Sozialversicherungen, vgl. BVerfGE 59, 275 (279) – Helmpflicht. Das überzeugt aber schon deshalb nicht restlos, weil sich diese Folgekosten hätten vermeiden lassen, ohne dazu die Freiheit des Motorrad- oder Autofahrers anzutasten; man hätte sie dann nur von der Erstattungsfähigkeit im Rahmen der gesetzlichen Krankenversicherung ausnehmen müssen.

derung oder möglicherweise auch Veränderung gesellschaftlicher und individueller Moralität sieht. Ob und inwieweit diese Moralität ein Thema für den Staat sein kann, ist in einer Klarheit, wie sie sonst selten hervortritt, jüngst Gegenstand zweier verfassungsgerichtlicher Entscheidungen gewesen, und die Art und Weise seiner Behandlung gibt wenig Hoffnung, dass von dieser Seite aus viel zu erwarten ist. Die erste Entscheidung betraf das Verbot des einverständlichen Inzests unter erwachsenen Geschwistern nach § 173 Abs. 2 S. 2 StGB; dahinter steht das Problem, ob der Staat aktiv eine bestimmte Sozialmoral durchsetzen darf. Die zweite betrifft die Erzwingung des elterlichen Umgangs mit dem eigenen Kind; bei ihr geht es in seinem letzten und tiefsten Grund um das Problem, ob der Staat mit den ihm zur Verfügung stehenden Mitteln auch die inneren Einstellungen des Menschen verändern oder auf eine solche Veränderung hinwirken darf.[40] In beiden Entscheidungen begegnet das Problem in seiner äußersten Zuspitzung: im Inzestfall, weil dort die Durchsetzung der Sozialmoral mit den schärfsten Mitteln erfolgt, die dem Staat zur Verfügung stehen, nämlich mit Hilfe des Strafrechts; im Falle der Erzwingung des elterlichen Umgangs, weil dort die persönlichsten Einstellungen des Menschen berührt werden, nämlich das Verhältnis zu seinem eigenen Kind. Beide hätten daher Anlass sein können, sich mit dem Problem vertiefter auseinanderzusetzen. Das geschieht aber im Grunde nur an einer einzigen Stelle, und zwar im Minderheitsvotum zum Inzestfall. Die Senatsmehrheit stellte sich hier auf den Standpunkt, dass der Gesetzgeber auch im Strafrecht beliebige Zwecke verfolgen könne; er sei nicht auf den Schutz von Rechtsgütern im Sinne der klassischen Rechtsgutslehre beschränkt, sondern dürfe eigenständig die mit den Mitteln des Strafrechts zu schützenden Güter festlegen.[41] Den Zweck der Vorschrift erblickte die Senatsmehrheit in diesem Sinne einerseits im hier nicht weiter interessierenden Schutz der Familie vor den familien- und sozialschädlichen Wirkungen des Geschwisterinzests, andererseits aber eben auch in der Respektierung einer „kulturhistorisch begründeten, nach wie vor wirkkräftigen gesellschaft-

40 Erste Entscheidung: BVerfGE 120, 224 – Geschwisterinzest. Zweite Entscheidung: BVerfGE 121, 69 – Umgangsrecht.

41 BVerfGE 120, 224 (241f.).

lichen Überzeugung von der Strafwürdigkeit des Inzestes".[42] Dahinter verbirgt sich nichts anderes als „bestehende oder auch nur vermutete Moralvorstellungen", wie es im Minderheitsvotum in der Tat ausgesprochen ist; der Gesetzgeber, heißt es dort weiter, habe sich zu einer Abschaffung des Verbots des Geschwisterinzests letztlich eben „deshalb nicht entschließen wollen, weil die Allgemeinheit darin ein Unrecht erblicke und eine Streichung der Norm das Bewusstsein von der Abnormität des Verhaltens schwächen könnte".[43] Gerade hier will das Minderheitsvotum dementsprechend eine Grenze ziehen: Der „Aufbau oder Erhalt eines gesellschaftlichen Konsenses über Wertsetzungen" könne nicht „unmittelbares Ziel einer Strafnorm sein"; die Stärkung moralischer Vorstellungen dürfe „allenfalls – mittelbar – erwartet werden als langfristiges Ergebnis einer gerechten, klaren, rationalen und stetigen Strafrechtspflege".[44]
Hier ist das Problem klar erfasst und in einen verfassungsrechtlichen Ordnungsrahmen eingebunden. Es ist aber nur eine Stimme gegen sieben andere, und auch sie verweist am Ende darauf, dass es für den angesprochenen Aufbau oder Erhalt eines gesellschaftlichen Konsenses über Wertsetzungen andere und besser geeignete Mittel gebe als das Strafrecht, auf das immer nur als Ultima Ratio zurückgegriffen werden könne.[45] Jenseits des Strafrechts ist die allgemeine Sozialmoral für den Staat aber grundsätzlich ein Thema; die Entscheidung, was danach geht und was nicht geht, ist keine harte Entweder-Oder-Entscheidung, sondern fällt in der weicheren Struktur der Verhältnismäßigkeitsprüfung.
Dem gleichen Muster folgt auch die Entscheidung zur elterlichen Umgangspflicht: Ein Mann hatte einen Sohn aus einer außerehelichen Beziehung, für den er auch pflichtgemäß den gesetzlichen Unterhalt leistete, weigerte sich aber beharrlich, das Kind auch nur zu sehen. Auf Antrag der Mutter verpflichteten die Familiengerichte ihn deshalb zum betreuten Umgang mit dem Kind für die Dauer von zwei Stunden alle drei Monate und drohten für den Fall der Verweigerung ein Zwangsgeld von bis zu 25.000 Euro an. Diese Androhung hob das Bundesverfas-

42 BVerfGE 120, 224 (248f.).
43 Minderheitsvotum *W. Hassemer*, BVerfGE 120, 249 (264).
44 A.a.O.
45 A.a.O.

sungsgericht auf die Verfassungsbeschwerde des Vaters hin wieder auf: Eine Umgangspflicht, die nur mit Zwangsmitteln durchgesetzt werden könne, diene in der Regel nicht dem Kindeswohl; statt dass auf diese Weise ein Gefühl der Verbindung des betroffenen Elternteils zu seinem Kind aufgebaut werde, provoziere sie nur eine Abwehrreaktion.[46] Die Einwirkung auf die innere Einstellung des Menschen, der Versuch, seine tiefsten Gefühle in eine andere Richtung zu lenken, und zwar durch einen staatlichen Eingriff, ist damit nicht als solcher verwerflich. Das Problem ist allein, dass das konkret gewählte Mittel dazu nicht taugt; hätte der Staat ein anderes, besser geeignetes, wäre darüber gar nicht groß nachzudenken, und die Kritik an der Entscheidung lautete folgerichtig, dass die Richter sich nicht getraut hätten zu erzwingen, was schon der menschliche Anstand geböte.[47] Sicher betraf die Entscheidung insoweit einen Sonderfall, als innerhalb der Familie die Beteiligten nicht nur Rechte haben, sondern auch Pflichten, die Eltern etwa die Pflicht zur Pflege und Erziehung der Kinder, über deren Erfüllung der Staat zu wachen hat. Aber gerade die geistig-seelischen Bindungen in Ehe und Familie könnten ja auch einen Binnenraum des Privaten markieren, in den der Staat nur mit umso größerer Sensibilität intervenieren darf, und es spricht für sich, dass dies in der Entscheidung nicht einmal beiläufig angesprochen wird.

3. Das Grundgesetz als Triebkraft der Entwicklung

Ein grundsätzliches Verbot von Staatserziehung lässt sich aus der Verfassung also nicht herleiten, jedenfalls nicht, wenn man die bisherige Praxis ihrer Anwendung zugrunde legt. Man muss vielleicht sogar weitergehend sagen, dass diese Praxis die Entwicklung ihrerseits begünstigt hat, sie mittlerweile sogar ein Stück vorantreibt. Den Hebel dafür liefert die Deutung – manche meinten: Umdeutung[48] – der Verfassung als ma-

46 BVerfGE 121, 69 (98ff.).

47 *G. P. Hefty*, Sturheit siegt, F.A.Z. v. 01.04.2008, S. 1.

48 In diesem Sinne *E. Forsthoff*, Die Umbildung des Verfassungsgesetzes, in: Festschrift für Carl Schmitt, 1959, S. 35ff.

teriale Grundordnung für Staat und Gesellschaft, wie sie lange Zeit im Begriff der „Wertordnung“ aufgehoben war.[49] Die Verfassung ist danach nicht nur ein äußerster Rahmen des Zusammenlebens, der in bestimmten rechtstechnischen Funktionen – der Einrichtung der Staatsorgane, der Zuordnung der jeweiligen Kompetenzen, der Begrenzung der staatlichen Eingriffsbefugnisse – aufgeht und sich darin erschöpft, sondern sie ist inhaltlich bestimmte und werterfüllte Ordnung; in ihr verkörpert sich eine Vorstellung des Guten, Richtigen und Angemessenen, die nicht auf bloße Zweckmäßigkeit reduzierbar ist.[50] Man kann darin ein Stück Moralisierung der Verfassung erkennen, die durch den Begriff des Wertes noch einmal zugespitzt wird.[51] Werte haben einen fordernden, antreibenden Charakter; sie drängen automatisch auf Verwirklichung dessen, was in ihnen als sachlicher Kern enthalten ist.[52] Werte respektiert man deshalb nicht nur formal äußerlich, sondern man muss sich zu ihnen bekennen, sie innerlich annehmen, und dazu kann – und muss – dann eben auch erzogen werden.[53] In allen Landesverfassungen und Schulgesetzen sind sie dementsprechend – oft noch ergänzt um weitere Elemente wie Gottesfurcht und Nächstenliebe, sittliche und politische Verantwortlichkeit, berufliche und soziale Bewährung – als Erziehungsziele für die staatlichen Schulen anerkannt,[54] und zwar gerade

49 Grundlegend BVerfGE 2, 1 (12) – SRP-Verbot; 5, 85 (138f.) – KPD-Verbot; für die Grundrechte BVerfGE 7, 198 (205ff.); der verfassungstheoretische Hintergrund bei *R. Smend*, Staatsrechtliche Abhandlungen, 3. Aufl. 1994, S. 260ff.

50 Vgl. *K. Hesse*, Verfassungsrechtsprechung im geschichtlichen Wandel, JZ 1995, 265 (266).

51 S. dazu – kritisch – *H. Dreier*, Gilt das Grundgesetz ewig?, 2009, S. 98ff., der sogar von „Sakralisierung“ spricht; ebenso etwa *H. Hofmann*, Recht, Politik und Religion, JZ 2003, 377 (379).

52 So die frühere Kritik der Wertejudikatur, vgl. etwa *E. Denninger*, Freiheitsordnung – Wertordnung – Pflichtordnung, JZ 1975, 545 (547); *E.-W. Böckenförde*, Zur Kritik der Wertbegründung des Rechts, jetzt in: ders., Recht, Staat, Freiheit, 1999, S. 67 (75f.); das polemische Grundmuster bei *C. Schmitt*, Die Tyrannei der Werte, 3. Aufl. 2011, mit abwägendem Nachwort von *Chr. Schönberger*.

53 Zu diesem Grundzug des Wertdenkens *Böckenförde* (Fn. 52), S. 82f.

54 Die weiteren Ziele hier entnommen aus Art. 33 RhPfVerf., Art. 12 BWVerf.

auch mit dem Zweck, sie innerlich zu bejahen.[55] Wenn das aber so ist, lässt sich die Aufgabe sinnvollerweise nicht auf die Schule begrenzen, so wie ja auch die schulische Erziehung insgesamt nicht nur auf das Kind, sondern darin zugleich auf die Prägung des Erwachsenen abzielt, der aus ihm einmal werden wird. Eine weitere Antriebsquelle könnte schließlich in der Entdeckung der grundrechtlichen Schutzpflichten liegen, die den Staat dazu anhalten, sich bewahrend, hegend und fördernd vor die jeweiligen Rechtsgüter der Grundrechte zu stellen.[56] Sie könnten dann eben auch edukatorisches Handeln rechtfertigen, wo sich ein solches nach Lage der Dinge anbietet, ebenso wie etwa heute die staatliche Förderung der Umweltmoral im Staatsziel Umweltschutz aus Art. 20a GG ihre mögliche und aus sich heraus auch nicht unplausible Rückendeckung finden könnte. Die besondere Pointe dieses Ansatzes liegt dabei darin, dass die jeweiligen Schutzgüter kraft ihrer nun erhaltenen Objektivierung tendenziell auch gegen ihre Inhaber ins Feld geführt werden können, wie es exemplarisch bei der Kampagne gegen das Rauchen zu beobachten ist: Diese zielt eben nicht nur auf den Schutz der Nicht- und Passivraucher, sondern auch auf den der Raucher selbst, wie die auf allen Zigarettenpackungen mittlerweile anzubringenden Warnhinweise überdeutlich erkennbar machen.[57]

55 Vgl. *Huster* (Fn. 32), S. 286. Die Sache selbst ist allgemein akzeptiert, vgl. nur *J. Isensee*, Verfassung als Erziehungsprogramm?, in: A. Regenbrecht (Hrsg.), Bildungstheorie und Schulstruktur, 2. Aufl. 1986, S. 190 (207).

56 Der Auftakt bekanntlich in BVerfGE 39, 1 – Schwangerschaftsabbruch; zur rasanten Karriere des Schutzpflichtgedankens als verbindende Klammer aller objektiv-rechtlichen Grundrechtsdimensionen überhaupt *H. Dreier*, Dimensionen der Grundrechte, 1993, S. 48. – Den Hinweis auf die Bedeutung der Schutzpflichtdimension in diesem Zusammenhang verdanke ich *J. Suerbaum* aus der Diskussion des Vortrags.

57 Zu dieser ausdrücklich auf die Raucher selbst bezogenen Zielsetzung BVerfGE 95, 173 (185f.) – Warnhinweise, dort noch ohne Rekurs auf die grundrechtlichen Schutzpflichten. Die Verbindung demgegenüber in BVerfGE 121, 317 (356) – Rauchverbot in Gaststätten; das paternalistische Element wird hier etwa darin erkennbar, dass die Freiwilligkeit der Entscheidung des Einzelnen, sich beim Besuch einer Gaststätte der Belastung durch Tabakrauch auszusetzen, das Anliegen des Gesundheitsschutzes nicht hinfällig macht, a.a.O. (349).

IV. Das Problem aus der Perspektive der politischen Philosophie

An dieser Stelle wird man sicherlich einwenden können, dass sich in der bisherigen Praxis der Verfassungsanwendung auch andere, gegenläufige Hinweise oder Andeutungen finden lassen, von denen aus alles direkt oder indirekt erzieherische Handeln des Staates auch wieder und insgesamt stärker, als es hier geschehen ist, begrenzt werden kann. Das mag so sein.[58] Man wird dann aber mindestens zugestehen müssen, dass die Antwort der Verfassung auf die hier aufgeworfenen Fragen nicht eindeutig ist. Vielmehr ist zu vermuten, dass diese Antwort selber von einem impliziten Verständnis davon gegeben wird, was alles dem Staat im Verhältnis zu seinen Bürgern erlaubt ist und was ihm nicht erlaubt ist. In solchen Grenzfragen ist es dann weniger die Verfassung, von der aus unser Verständnis oder Leitbild des Staates bestimmt werden könnte, sondern es wäre unser Staatsverständnis, das in die Verfassung hinüberwirkt und sie inhaltlich stärker prägt, als es einem Juristen in der klassischen Perspektive reiner Rechtsanwendung lieb sein kann. Hinsichtlich dieses Staatsverständnisses konkurrieren in der politischen Philosophie seit jeher zwei Modelle, von denen aus auch die Zulässigkeit staatlicher Erziehung ganz unterschiedlich beantwortet wird; die entscheidende Frage ist dann, welches Modell unser Denken und Handeln maßgeblich bestimmt und was daraus heute konkret folgt.

58 Aus der älteren Rechtsprechung prononciert BVerfGE 22, 180 (219f.): „Der Staat hat aber nicht die Aufgaben, seine Bürger zu ‚bessern' und deshalb auch nicht das Recht, ihnen die Freiheit zu entziehen, nur um sie zu ‚bessern', ohne dass sie sich selbst oder andere gefährden, wenn sie in Freiheit blieben." Die Verfassung gegen jede Form des Paternalismus wendend etwa *Kirste* (Fn. 22), JZ 2011, 805ff.

1. Der Staat als pädagogische Provinz

Das erste Modell mag man vereinfachend das Gemeinschafts- oder Tugendmodell des Staates nennen.[59] Es ist in seiner Reinform bereits in der Antike entwickelt und hat seine klarste, über die Jahrhunderte hinweg prägende Formulierung dort in der Philosophie des Aristoteles gefunden. Deren beherrschendes Grundprinzip ist der Gedanke der Entelechie, die Vorstellung, dass die ganze Welt, die belebte wie die unbelebte Natur, eine Ordnung nach Zwecken ist, nach inneren Zwecken, die allen ihren Erscheinungen eingeschrieben sind und auf die sie sich hin entwickeln. Für den Menschen wird dieser Daseinszweck zunächst ganz pragmatisch nach dem bestimmt, wonach alle streben, und zwar im Sinne eines letzten und höchsten Zwecks, der allen konkreteren Zwecksetzungen – Wohlstand, beruflicher Erfolg, Erfüllung in der Familie –zugrunde liegt. Dieser letzte Zweck ist für Aristoteles das Glück oder die Glückseligkeit, die „Eudaimonia". Es kennzeichnet aber das Modell, dass diese ihrerseits nicht subjektiv und individuell definiert, also dem Belieben des Einzelnen überlassen wird, sondern verallgemeinernd, auf eine objektive Bestimmung des Menschen hin. Diese Bestimmung liegt in der Entfaltung der in ihm liegenden Anlagen, im Sinne einer körperlichen, vor allem aber auch geistig-sittlichen Vervollkommnung, und von hier aus kann Aristoteles sagen, dass die höchste Form der Glückseligkeit die „Tätigkeit der Seele gemäß der vollkommenen Tugend" ist.[60] Auf all dies wird dann schließlich auch der Staat hingeordnet, der dadurch seinerseits als eine umfassende, auf eine ihr eingeschriebene Zielbestimmung bezogene Gemeinschaft erscheint. Er ist dann, wie es in der berühmten Formulierung heißt, „nicht bloß eine Gemeinschaft des Ortes und um einander nicht zu schädigen und um des Handels willen. Sondern dies alles sind nur notwendige Voraussetzungen, wenn es einen Staat geben soll; aber auch wenn all dies vorhanden ist, ist noch kein Staat vorhanden, sondern er beruht auf der Gemeinschaft des edlen (sc.

59 Eine geläufige Charakterisierung, vgl. etwa *J. Isensee*, Grundrechtsvoraussetzungen und Verfassungserwartungen an die Grundrechtsausübung, in: J. Isensee/P. Kirchhof, Handbuch des Staatsrechts, Bd. IX, 3. Aufl. 2011, § 190 Rn. 284, dort als Gegensatz zum „Interessenmodell".

60 *Aristoteles*, Nikomachische Ethik, 1094-1102; das Zitat in 1102a.

sittlichen, tugendhaften) Lebens in Häusern und Familien um eines vollkommenen und selbständigen Lebens willen ... Ziel des Staates ist also das edle Leben, und jenes andere ist um dieses Zieles willen da ... Man muss also die politischen Gemeinschaften auf die edlen Handlungen hin einrichten und nicht bloß auf das Beisammenleben".[61] Aufgabe des Staates ist es in diesem Sinne, die Bürger zur Tugend hinzuführen, zu ihrer Entfaltung als soziales und sittlich handelndes Wesen beizutragen, ja sie überhaupt erst zu ermöglichen.

Es ist einleuchtend, dass in diesem Konzept die Erziehung der Bürger eine zentrale Rolle spielt: in der Bildung der Jugend, aber auch in den „nomoi", den Lebensregeln der Polis, die tief in die individuelle Lebensführung hineinreichen.[62] Noch stärker ausgeprägt ist dieser Erziehungsgedanke in der Philosophie Platons, der sogar das Flötenspiel und die Lektüre Homers verbieten will, weil es die Bürger zu sehr verweichlichen könnte; diese finden sich darin vielmehr eingebunden in eine letztlich totalitäre Ordnung, die sie von der Geburt bis zum Tod in ein vorgegebenes Rollenmodell einpresst und jede Möglichkeit zur Gestaltung des eigenen Lebens von vornherein negiert.[63] Das sind natürlich Übersteigerungen, die auch innerhalb des Modells alsbald als solche erkannt und so nie realisiert werden. In seinen Grundzügen aber bleibt dieses Modell für lange Epochen der Geschichte hindurch bestimmend. Es hält sich – in einer christlichen, auf den göttlichen Schöpfungsplan bezogenen Fassung – das gesamte Mittelalter hindurch, und es beherrscht, mit einigen charakteristischen Ausnahmen wie etwa Christian Thomasius, auch noch die Philosophie des aufgeklärten Natur- und Vernunftrechts.[64] Selbst ein in mancher Hinsicht so pragmatischer Kopf wie Christian Wolff geht noch wie selbstverständlich davon aus, dass das „gemeine Wesen" errichtet worden sei, um „dem höchsten Gute desto

61 *Aristoteles*, Politik, 1280b-1281a 1; hier zitiert nach der Übersetzung von O. Gigon; Klammerzusatz von mir.

62 *E.-W. Böckenförde*, Geschichte der Rechts- und Staatsphilosophie, 2. Aufl. 2002, S. 120.

63 Vgl. *Platon*, Der Staat, 377ff., 396ff., 518ff. und passim; ferner im Sinne eines umfassenden Erziehungs- und Bildungsprogramms *ders.*, Die Gesetze, 782ff.

64 Zu dessen Ambivalenz aus heutiger Sicht *W. Frotscher/B. Pieroth*, Verfassungsgeschichte, 9. Aufl. 2010, Rn. 130 m.w.N..

sicherer nachzustreben", und da „dieses durch die Tugend befördert" werde, habe man „im gemeinen Wesen auch davor zu sorgen, daß die Leute tugendhafft werden".[65] Der Mensch erscheint in diesem Modell als ein zu individueller und gemeinschaftlicher Moral Geführter, so wie der Staat Garant, Hüter und Vollstrecker dieser Moral war, die er mit Hilfe seines Rechts verbindlich mache. Ein Abbild hiervon geben die Polizeiordnungen der frühen Neuzeit: Ihr Leitbegriff ist die „gute policey" im Sinne eines Zustands guter Ordnung des Gemeinwesens, und sie greifen dementsprechend mit ihren Vorschriften tief in die Bereiche der individuellen Lebensführung aus. Verboten werden dann der Luxus und die Völlerei, das Fluchen und das Schwören, die „uneheliche Beiwohnung" und das „übermäßige Zutrinken"; am Ende stehen die sprichwörtlichen Kleiderordnungen, deren Zweck eben auch darin lag, den Sinn für das zu schärfen und zu bewahren, was sich gehörte: die Einhaltung der Grenzen, die jedem Einzelnen durch Stand, Herkunft und Sitte gezogen waren.[66]

2. Der Staat als äußere Ordnung

Dieses Modell des Staates wird dann in der Theorie und alsbald auch in der Praxis abgelöst durch das ihm entgegengesetzte Modell des politischen Liberalismus. Er lehnt alle Vorstellungen einer objektiven Bestimmung des Menschen ab und setzt an deren Stelle das Prinzip der individuellen Freiheit: Nicht mehr der Staat oder irgendeine andere ihm vorausliegende Gemeinschaft entscheidet, was der Mensch wollen soll, sondern dies ist kraft seiner Freiheit die Sache jedes Einzelnen selbst. Das bedeutet zum einen eine Absage an jede Form von staatlichem Paternalismus, wie sie von Immanuel Kant klassisch formuliert worden ist:

65 *Chr. Wolff*, Vernünfftige Gedancken von dem gesellschaftlichen Leben der Menschen und in Sonderheit dem Gemeinen Wesen, 4. Aufl. 1736, Nachdruck 1996, § 316. Es sei deshalb auch ein „Irrthum", wenn man landläufig meine, „im gemeinen Wesen begnüge man sich an der äusserlichen Zucht und kümmere sich nicht um das innere, welches mit zur Tugend hauptsächlich gehöret".

66 Zum dahinter stehenden Konzept der „Sozialdisziplinierung" *D. Willoweit*, Deutsche Verfassungsgeschichte, 6. Aufl. 2009, S. 125ff., 143.

„Die Freiheit als Mensch, deren Prinzip für die Konstitution eines gemeinen Wesens ich in der Formel ausdrücke: Niemand kann mich zwingen, auf seine Art (wie er sich das Wohlsein anderer Menschen denkt) glücklich zu sein, sondern ein jeder darf seine Glückseligkeit auf dem Wege suchen, welcher ihm selbst gut dünkt, wenn er nur der Freiheit anderer, einem ähnlichen Zwecke nachzustreben, die mit der Freiheit von jedermann nach einem möglichen allgemeinen Gesetze bestehen kann, (d. i. diesem Recht des andern) nicht Abbruch tut."[67] Es bedeutet aber zum anderen und darüber hinausgehend auch, dass dem Staat auch die Zuständigkeit für die Moral und die Tugend seiner Bürger entzogen wird; diese wird nun ebenfalls eine Sache individuellster und persönlichster Entscheidung. Ihren bis heute nachwirkenden Ausdruck findet diese Neuverteilung in der prinzipiellen Trennung von Recht und Moral, wie sie bei Christian Thomasius und seiner Schule vorgedacht und wiederum am reinsten in der Rechtslehre Kants ausgearbeitet ist: Das Recht regelt und erfasst danach nur das äußere Verhalten des Menschen, während die Frage, warum man den rechtlichen Geboten Folge leistet, die davon zu unterscheidende Moral betrifft.[68] Diese aber geht den Staat nichts an. Er handelt, wenn er handelt, nur im Wege des Rechts, kann dann aber auch nicht mehr verlangen als den äußeren Rechtsgehorsam.[69] Auch im Bereich der geistigen Orientierung der Gesellschaft hat der Staat nichts mehr verloren; diese bildet sich vielmehr in der Gesellschaft selbst oder auch nicht, ohne dass ihn dies etwas anginge.

In seinem tiefsten Grund stellt sich der Vorgang damit als ein *Äußerlichwerden* des Staates dar; der Staat wird gleichsam entkernt und zu-

67 *I. Kant*, Über den Gemeinspruch: Das mag in der Theorie richtig sein, taugt aber nicht für die Praxis, in: ders., Schriften zur Anthropologie, Geschichtsphilosophie, Politik und Pädagogik I, Werkausgabe Bd. XI, hrsgg. von W. Weischedel, 1968, S. 125 (145f.).

68 *I. Kant*, Die Metaphysik der Sitten, Erster Teil, Einleitung in die Metaphysik der Sitten, in: Theorie-Werkausgabe, Bd. VIII, hrsgg. von W. Weischedel, 1968, S. 318, 323ff., 337f.

69 Instruktiv dazu in Bezug auf die Kantsche Philosophie *H. Dreier*, Kants Republik, JZ 2004, 745 (746f.). Frühere, auf Religion, Glauben und Gewissen bezogene Wurzeln liegen sicherlich in der Zwei-Reiche-Lehre *M. Luthers*, s. ders., Von weltlicher Obrigkeit, wie weit man ihr Gehorsam schuldig sei, 1523, 2. Teil, in: Martin Luthers Werke, Kritische Gesamtausgabe, 1883ff., Bd. 11, S. 261ff.

rückgenommen auf eine bloß äußere, rahmenhafte Ordnung, die das Innere des Menschen, seine Einstellungen und Gesinnungen, nicht mehr erfasst und darauf eben auch nicht zugreifen darf.[70] So einleuchtend scheint die darin liegende Vorstellung, dass sie ab dem Beginn des 19. Jahrhunderts geradezu zum Allgemeingut geworden ist. Sie findet sich dementsprechend auch in Philosophien, denen ansonsten – ob zu Recht oder Unrecht, sei hier dahingestellt – ein eher kritisches Verhältnis zur liberalen Staatsidee nachgesagt wird. Bei Hegel etwa ist dazu nachzulesen, „die moralische Seite und moralischen Gebote, als welche den Willen nach seiner eigensten Subjektivität und Besonderheit betreffen," könnten „nicht Gegenstand der positiven Gesetzgebung sein"; wo sich noch „in älteren Gesetzgebungen viel Vorschriften über Treue und Redlichkeit" finden, gelten sie nun als „der Natur des Gesetzes unangemessen …, weil sie ganz in das Innerliche fallen".[71] Und auch seine Auffassung vom Sinn des staatlichen Strafens, die ganz einem heute weithin als überholt und archaisch empfundenen Vergeltungsgedanken verpflichtet ist, begründet Hegel gerade damit, dass nur so der Täter als Person geachtet, seine in der Tat zum Ausdruck gebrachte Freiheit ernst genommen wird: In der Vergeltung dieser Tat wird der Verbrecher „als Vernünftiges *geehrt*", wohingegen in den verschiedenen Verhütungs-, Abschreckungs- und Besserungstheorien „der Mensch … nicht nach seiner Ehre und Freiheit, sondern wie ein Hund behandelt" wird, gegen den man den Stock erhebt.[72] Zu jeder Art von Erziehung rückt die liberale Staatstheorie folgerichtig auf Distanz: Erzogen werden dürfen nach John Stuart Mill nur Minderjährige; bei Erwachsenen läge darin ein unzulässiger Eingriff in ihre Freiheit.[73] Demgegenüber geht der Liberale von Humboldt sogar soweit, dass er auch die öffentliche Erziehung der Kinder als zugleich nachteilig und unnütz ablehnt: nachteilig, weil sie die Ausbildung zum freien Menschen eher behindere; unnütz, weil es in

70 „Moment der Äußerlichkeit": *Böckenförde* (Fn. 28), S. 24f.

71 *G. W. F. Hegel*, Grundlinien der Philosophie des Rechts, 1821, in: Werke, hrsgg. von E. Moldenhauer und K. M. Michel, Bd. 7, 1986, § 213 mit Zusatz. Ebenfalls nennen ließe sich *F. J. Stahl*, Die Philosophie des Rechts, II/3, 5. Aufl. 1887, § 36.

72 *Hegel* (Fn. 71), §§ 99f.

73 *J. S. Mill*, On liberty, dt. Über die Freiheit, 1974, S. 113f.

einem Zustand allseitiger Freiheit voraussichtlich an guter Privaterziehung nicht fehlen werde.[74]

3. *Wo wir heute stehen*

Es ist leicht erkennbar, dass es dieses Konzept ist, das bis heute hinter allen Einwänden gegen edukatorisches Staatshandeln steht.[75] Ebenso wird man ohne weiteres sagen können, dass es in seinem sachlichen Kern, der Begründung des Staates aus dem Prinzip der individuellen Freiheit, auch die ideelle Basis des Grundgesetzes bildet. Allerdings gibt es gute Gründe für die Annahme, dass es jenseits dieses Kerns, nämlich gerade in den hier interessierenden Konsequenzen zu kurz greift. Diese lassen sich historisch erklären als spezifische Reaktion auf die überzogenen Tugendzumutungen des frühneuzeitlichen Wohlfahrts- und Polizeistaates, die aber in der berechtigten Zurückweisung dieser Zumutungen zugleich über das Ziel hinausschießt. Das betrifft vor allem die strikte Trennung von Recht und Moral in der Tradition Kants und die daraus resultierende vollständige Zurückdrängung des Staates auf eine bloß äußere Ordnung, der die Gesinnung der Bürger ganz gleichgültig zu sein hat. Beides ist zugeschnitten auf einen Staat, der die Gesellschaft weitgehend sich selbst überlässt und sich ganz darauf beschränkt, deren Sicherheit im Sinne eines Schutzes vor gewaltsamen Übergriffen zu garantieren. Dafür reicht es in der Tat aus, die Freiheit des einen dort zu beschränken, wo sie mit der Freiheit des anderen kollidieren kann, so wie es in Kants berühmter Definition des Rechts beschlossen liegt.[76] Allerdings ist es bereits ein Irrtum zu glauben, dass dem Staat dafür die Moral und die Einstellungen seiner Bürger ganz gleichgültig sein können. Das übersähe die eigenartige Paradoxie, auf die gerade ein minimalistischer Staat wie dieser gegründet ist. Als solcher will er so wenig

74 *W. v. Humboldt*, Ideen zu einem Versuch, die Grenzen der Wirksamkeit des Staates zu bestimmen, 1792, Kap. VI.

75 Vgl. nur *Dreier* (Fn. 69), JZ 2004, 747.

76 Recht als „Inbegriff der Bedingungen, unter denen die Willkür des einen mit der Willkür des anderen nach einem allgemeinen Gesetze der Freiheit zusammen vereinigt werden kann", *Kant* (Fn. 68), S. 337.

wie möglich regulieren und kontrollieren; es ist dies ja geradezu die Grundidee des Liberalismus, der der freien Entfaltung seiner Bürger so viel Raum wie möglich geben und prinzipiell alles ihrer freien Entscheidung überlassen will. Durchhalten lässt sich dies aber nur dann, wenn die Bürger das, was dieser Staat an Anordnungen trifft, in hohem Maße auch freiwillig befolgen; geschieht dies nicht, müsste er eben doch hinter jeden von ihnen einen Polizisten stellen. Je liberaler der Staat daherkommt, desto stärker muss er also darauf bauen, dass seine Bürger seine Regeln aus innerer Einsicht annehmen, und was sollte dagegen sprechen, dass er diese Einsicht – so freiheitsschonend wie möglich, aber eben doch auch aktiv – fördert[77]? Das zentrale, wenn nicht einzige Gebot eines solchen Staates ist das neminem-laedere-Prinzip, das Gebot, andere nicht zu schädigen, und gerade hinsichtlich dieses Gebots – das als Verbot der Tötung, der Körperverletzung, des Diebstahls etc. rechtlich aktualisiert wird – muss es dem Staat darauf ankommen, dass es dem Bürger zu einer zweiten Natur wird, zu einer Gewohnheit, über die gar nicht mehr nachgedacht wird.[78] Zugleich sind dies eben auch alles moralische Gebote, Elemente einer Minimalmoral, von denen das Recht gar nicht isoliert werden kann und selber in den Dienst genommen wird.[79] Gerade das Strafrecht zielt deshalb heute in seiner praktischen Anwendung auf eine Veränderung der Einstellungen zum Recht: in den Vorstellungen der Spezial- und Generalprävention, in den Maßnahmen der Sicherung und Besserung, die sich seit langem auch im Erwachse-

77 Veranschaulichen lässt sich dies auch an dem bekannten Satz von *Ernst-Wolfgang Böckenförde* („Der freiheitliche Staat lebt von Voraussetzungen …“), der letztlich nur eine der Umschreibungen der beschriebenen Paradoxie ist. Die „Voraussetzungen“, von denen hier die Rede ist, gehen freilich über die oben angesprochene Einsichtigkeit im Sinne einer inneren Normbejahung hinaus; sie beziehen sich auf ein fundierendes, möglicherweise auch aus religiösen Antriebskräften gespeistes Ethos, vgl. *E.-W. Böckenförde*, Die Entstehung des Staates als Vorgang der Säkularisation, jetzt in: ders. (Fn. 28), S. 92 (112ff.). Auch *Böckenförde* selbst hat diesen Satz freilich nie so verstanden, als sei dem Staat die Hege und Pflege dieser Voraussetzungen untersagt, vgl. *ders.* (Fn. 28), S. 31ff.

78 Treffend spricht insoweit *Hegel* vom „Grundgefühl der Ordnung, das alle haben“; erst dieses und nicht „die Gewalt“, wie die Vorstellung oft meine, halte den Staat zusammen, *ders.* (Fn. 71), § 268 Zusatz.

79 Vgl. *H. L. A. Hart*, The Concept of Law, dt. Der Begriff des Rechts, 1. Aufl. 1973, S. 255f., 266ff.

nenstrafrecht finden, in neuen Formen der Sozialtherapie wie dem Täter-Opfer-Ausgleich. Aber auch in der Strafbarkeit selbst steckt, wie man heute weiß, eben auch ein „Unwerturteil", ein Akt der Missbilligung, der dann eben auch als solcher wahr- und innerlich angenommen werden soll.[80]

Vollends obsolet werden die strikte Trennung von Recht und Moral und die Zurückdrängung des Staates auf einen bloß äußerlichen Rahmen in dem Moment, in dem dieser sich von der Beschränkung auf die bloße Ordnungswahrung löst. Solange diese galt, mochte man sich immerhin für eine Zeitlang noch der Illusion hingeben, dies sei eine rein technische Aufgabe, für die das Recht nur als eine Art Zaun um die individuellen Freiheiten herum benötigt wurde. Spätestens mit der Erweiterung des staatlichen Aufgabenkreises um die Lösung der sozialen Frage entfiel dafür die Prämisse. Vom Nachtwächterstaat, als der er bei Ferdinand Lassalle verspottet war, wandelte sich der Staat dadurch zu einem aktiven, in die Gesellschaft intervenierenden Staat, der seine Bürger sozial absichert und selber die soziale Gerechtigkeit zu seinem Thema macht.[81] Von hier aus ist er allmählich in eine „Globalverantwortung" für Bestand und Entwicklung der Gesellschaft in sozialer, ökonomischer, ökologischer und kultureller Hinsicht eingerückt, die in der Sache auf die Verwirklichung dessen zielt, was in den jeweiligen Bereichen als moralisch richtig und politisch billig angesehen wird.[82] Unter diesen Bedingungen nähern sich aber auch die in den vorhergehenden Abschnitten beschriebenen Staatskonzeptionen einander an, bei denen es sich so, wie sie dort beschrieben sind, ohnehin nur um Idealtypen handelt, die in dieser Reinform nie existiert haben. Auch die Grenze zwischen ihnen erweist sich daher in gewissem Umfang als verschiebbar und hängt in ihrem jeweiligen Verlauf wesentlich von den Aufgaben ab, die dem Staat zur Erfüllung zugewiesen werden. Es sind dann wesentlich Umfang und Grenzen dieser Aufgaben, die in einem ersten Zugriff auch über die Legitimität eines Handelns entscheiden, das in einem weiteren Sinne als erzieherisch bezeichnet werden kann. Von ihnen aus aber ist

80 *C. Roxin*, Strafrecht AT, Bd. I, 4. Aufl. 2006, § 7 Rn. 64ff.

81 Vgl. die klassische Definition des Sozialstaates in BVerfGE 22, 180 (204).

82 Die Formulierung von der Globalverantwortung etwa bei *D. Grimm*, Die Zukunft der Verfassung, 2. Aufl. 1994, S. 412f.

oft gar nicht einzusehen, warum dem Staat eine Beeinflussung der Einstellungen der Bürger, und zwar einschließlich ihrer Lenkung und Veränderung in eine bestimmte Richtung, verwehrt sein soll, wenn sich das gesetzte Ziel am Ende so und nur so erreichen lässt. Die Bewahrung der natürlichen Umwelt etwa, die dem Staat nunmehr durch Art. 20a GG ausdrücklich aufgetragen ist, kann nicht einseitig gegen die Bürger durchgesetzt werden, sondern nur zusammen mit ihnen, als Gemeinschaftsprojekt von Staat und Gesellschaft,[83] und das setzt eben die Verankerung eines entsprechenden Bewusstseins in der Bevölkerung, letztlich also eine neue Umweltmoral, notwendig voraus. Wenn der Auftrag insofern ausdrücklich auch auf die „Verantwortung für die künftigen Generationen" bezogen wird, erhellt das im Übrigen die moralische Dimension der ganzen Frage. Auch ein flächendeckender Schutz vor Diskriminierung, wie er mit dem Allgemeinen Gleichbehandlungsgesetz bezweckt ist, kann auf lange Sicht nur greifen, wenn Diskriminierung eben auch als gesellschaftliche Haltung nach und nach zum Verschwinden gebracht wird. Der Streit, der darum aufflackert, betrifft so gesehen oft weniger die Berechtigung von Erziehung an sich, auch wenn das Wort weiterhin Unbehagen oder Abneigung auslöst. Er betrifft in den meisten Fällen vielmehr die Berechtigung oder die Priorität des jeweils verfolgten Zieles an sich, und die Härte, mit der er etwa im Fall der Antidiskriminierungsgesetzgebung ausgefochten wurde, belegt, wie wenig Einigkeit darüber in einer pluralistischen Gesellschaft noch zu erzielen ist.[84]

83 In diesem Sinne auch § 7 Abs. 1 UGB-E (Fn. 17).

84 Richtig gesehen von *Britz* (Fn. 11), 395.

V. Einige Leitlinien zu Legitimität und Reichweite staatlicher Erziehung

Die entscheidende Frage ist dann nicht mehr, ob der Staat seine Bürger erziehen darf, sondern nur noch wozu und mit welchen Mitteln. Dazu lassen sich aus der Zusammenschau verfassungsrechtlicher und rechtsphilosophischer Überlegungen immerhin einige Orientierungspunkte formulieren, die gerade für den liberalen und demokratischen Verfassungsstaat von heute grundlegend sein könnten. Sie sind für sich vielleicht nicht besonders aufregend, aber sie gehen doch über Banalitäten von der Art hinaus, dass der Staat nur verhältnismäßige Mittel einsetzen darf und der Einsatz von Zwang immer nur als Ausnahme in Betracht kommt; Letzteres versteht sich im Übrigen schon deshalb von selbst, weil Zwang nach sämtlichen Erkenntnissen heutiger Pädagogik in den allermeisten Fällen von den insgesamt denkbaren erzieherischen Mitteln das am wenigsten sinnvollste ist.

1. Kernbestand moralischer Pflichten

Eine erste und vergleichsweise triviale Überlegung knüpft an die klassische Unterscheidung zwischen einer Pflichtmoral und einer Tugendmoral an, wie sie sich in einer spezifischen Färbung wiederum bereits bei Kant findet, letztlich aber heute zum Gemeingut jeder Beschäftigung mit Moral geworden ist.[85] Zur Pflichtmoral in diesem Sinne gehören solche Gebote, die universell zustimmungsfähig sind, weil sie in jedermanns vernünftigem Eigeninteresse liegen;[86] sie markieren gleichsam das Minimum moralischen Verhaltens, das jedem Menschen zuzumuten ist.[87] Zu ihr rechnen etwa das bereits angesprochene Gebot der Nichtschädigung, das Gebot, abgegebene Versprechen einzuhalten, aber auch

85 Vgl. *H. Sidgwick*, The Methods of Ethics, 1874, 7. Aufl. 1907, Nachdruck 1981, S. 217ff.; bei *Kant* entspricht dem in etwa die Unterscheidung zwischen der Rechts- und der Tugendlehre, vgl. *ders.*, Metaphysik der Sitten (Fn. 68), S. 309ff., 503ff.

86 Grundlegend: *N. Hoerster*, Ethik und Interesse, 2003, S. 162ff.

87 *P. Koller*, Theorie des Rechts, 2. Aufl. 1997, S. 264.

einzelne Gebote der Gerechtigkeit und Fairness. In diesem Bereich bilden Recht und Moral von vornherein zwei einander überschneidende Kreise mit der schlichten Folge, dass Verrechtlichung hier prinzipiell möglich ist und Verinnerlichung – im Sinne eines Sich-Zueigen-Machens der entsprechenden Gebote – angestrebt werden kann; zur Not dürfen diese Gebote eben auch mit Zwang durchgesetzt werden.[88] Man wird aber den Kreis an dieser Stelle noch weiter ziehen und ihn auch auf das erweitern können, was man in einem allgemeinen Sinne die – geistigen, ethischen oder auch bildungsmäßigen – Funktionsvoraussetzungen des demokratischen Verfassungsstaats nennen kann. Bekanntlich ist umstritten, was dazu im Einzelnen zu zählen ist, insbesondere welchen Grad an Homogenität eine Gesellschaft in diesem Zusammenhang aufweisen muss.[89] Eine Voraussetzung, über die sich aber noch Einigkeit erzielen lassen sollte, dürfte aber das sein, was man in einem ganz allgemeinen Sinne eine Kultur der Freiheit nennen könnte, als ein Ensemble von Einstellungen und Verhaltensweisen, das in die Lebensverhältnisse eingelassen ist und diese nun selber stabilisiert.[90] Ohne dass sich dies abschließend bestimmen lässt, dürfte eine solche Kultur etwa das Folgende einschließen: eine allgemeine Orientierung auf die menschliche Würde als regulative Idee des Zusammenlebens, ein Grundverständnis für die Notwendigkeit und die Bedingungen demokratischer Meinungs- und Willensbildung, die Forderung nach Gleichheit der Lebens- und Entwicklungschancen aller Bürger, dazu und dies alles unterfangend aber auch eine bestimmte Art und Weise des Umgangs mit

88 Zu diesem Verhältnis von Moral- und Rechtsordnung erneut *Hoerster* (Fn. 86), S. 171f.

89 Siehe einerseits *E.-W. Böckenförde*, Demokratie als Verfassungsprinzip, in: Isensee/Kirchhof (Fn. 59), Bd. II, 3. Aufl. 2004, § 24 Rn. 58ff.; andererseits – und im Wesentlichen nur noch auf die Rechtsförmigkeit, also die Legalität im Kantschen Sinne abstellend – etwa *A. von Bogdandy*, Europäische und nationale Identität, VVDStRL 62 (2003), 156 (173f.).

90 Der Begriff etwa bei *P. Selznick*, Kommunitaristischer Liberalismus, Der Staat 32 (1995), 487 (493); *J. Schapp*, Freiheit, Moral und Recht, 2005, S. 259ff.; in eher kulturpessimistischer Färbung auch bei *U. Di Fabio*, Die Kultur der Freiheit, 2005. Das Bundesverfassungsgericht spricht von der „Sicherung eines freiheitlichen Lebensklimas“, BVerfGE 35, 202 (225); zu den prägenden und eben auch erziehenden Wirkungen des freiheitlichen Zusammenlebens *Huster* (Fn. 32), S. 426 Fn. 703.

dem Anderen, die diesen in seiner Autonomie und als prinzipiell Gleichen respektiert. Jede demokratisch organisierte Gesellschaft hat deshalb ein vitales Interesse daran, dass ihre Mitglieder einander in diesem Sinne mit gleicher Achtung und Respekt begegnen, und dazu muss – heute vielleicht stärker als früher – auch erzogen werden: in der Schule, aber notfalls eben auch in die Breite und mit den Mitteln des Rechts. Die vielgescholtene Antidiskriminierungsgesetzgebung, die genau dies zum Ziel hat, wäre so gesehen von ihrer Grundidee her gar nicht zu beanstanden. Man könnte sogar weitergehend sagen, dass von dieser Grundidee her eine symbolische, auf die langfristige Veränderung gesellschaftlicher Einstellungen zielende Geste die vollkommen angemessene Reaktion ist, während die Bürokratisierung des Projekts über Gleichstellungsbeauftragte, niedrigschwellige Klagemöglichkeiten und Entschädigungsforderungen eher in die Irre führt, einen intuitiven Abwehrreflex auslöst, wo es auf Sympathie ankäme.[91] Weitergehend könnte aber auch die Demokratie insgesamt als Ensemble von inneren Einstellungen und einer darauf bezogenen Praxis eine Lebensform darstellen, zu der die Bürger eben auch in einem umfassenderen Sinne und möglicherweise auch lebenslang gebildet werden müssen.[92] In diesem Sinne hat etwa das Ministerkomitee des Europarates jüngst eine Empfehlung für eine „Charta zur Demokratie- und Menschenrechtsbildung" verabschiedet, die auf eine ganze Palette von Maßnahmen der Erziehung, Ausbildung und Bewusstseinsförderung in diesen Bereichen zielt und das Lernen ganz offen als „lebenslangen Prozess" bezeichnet.[93] Ihre

91 Auch darüber mag man natürlich diskutieren; ein Gegenargument wäre sicherlich, dass, wenn man das gesetzte Ziel erreichen will, das Schwert gegebenenfalls auch hinreichend scharf sein muss. Andererseits ist es eben gerade die reale Folgenarmut, die wesentlich für die Richtigkeit der vom Gesetzgeber verfolgten Konzeption streitet, vgl. die Andeutungen in diese Richtung bei *Britz* (Fn. 11), VVDStRL 64 (2005), 396.

92 Siehe als klassischen Text *J. Dewey*, Democracy and Education, 1916, dt. Ausgabe 2000.

93 Empfehlung CM/Rec (2010) 7, verabschiedet am 11. Mai 2010 anlässlich der 120. Versammlung des Ministerkommitees; abrufbar unter http://www.coe.int/t/dg4/education/edc/Source/Pdf/Downloads/101201_ChartaEDC_HRE_dt.pdf. Siehe dort insbesondere die Begriffsbestimmungen unter Ziff. 2; die Rede vom Lernen als lebenslanger Prozess in Ziff. 5 b.

Lektüre offenbart zugleich den mittlerweile erreichten Grad der Diversifizierung der einzusetzenden Mittel, und auch hierzulande mag man in dem gutmütigen Paternalismus der öffentlich-rechtlichen Rundfunkanstalten mit ihrem „Grundversorgungsauftrag" ja durchaus auch ein Element von Erziehung zur Demokratie erkennen.[94] Im weitesten Sinne geht es dabei um die Förderung und Pflege jener „Werteloyalität" zu den Grund- und Spielregeln eines demokratischen Zusammenlebens, von der das Bundesverfassungsgericht neuerdings in ständiger Rechtsprechung meint, das Grundgesetz erzwinge sie nicht.[95] Dagegen wird man schon deshalb nichts sagen können, weil mit Zwang in diesen Fragen gar nichts auszurichten ist. Es zeugte aber schon von einem merkwürdigen liberalen Gottvertrauen, wenn man daraus ableiten wollte, dass dem Staat auch alle anderen Aktivitäten in diese Richtung untersagt wären; eine Forderung, die, nebenbei bemerkt, auch an der Realität heutiger Staatlichkeit völlig vorbei läuft.

2. *Förderung einer Tugendmoral*

Im Gegenschluss ergibt sich hieraus zunächst, dass der Versuch, die inneren Einstellungen der Bürger zu erreichen und gegebenenfalls auch zu verändern, umso problematischer wird, je mehr es um die Realisierung einer über die Erfordernisse einer bloßen Pflichtmoral hinausweisenden Tugendmoral geht. Sie betrifft solche Pflichten, deren Erfüllung nicht – wie etwa das Gebot der Nichtschädigung – zwingend und unbedingt zu beachten sind, sondern deren Erfüllung in einem sonstigen Sinne als erwünscht oder eben moralisch gut angesehen werden kann; typisches Beispiel ist die Pflicht, anderen zu helfen oder ihnen in der Not

94 Zu diesem Grundversorgungsauftrag BVerfGE 73, 118 (157ff.). Dem entspricht es, dass die weitreichende Privilegierung des öffentlich-rechtlichen Rundfunks mit den entsprechenden Anforderungen an Programmvielfalt und inhaltliche Ausgewogenheit in der Kritik durchaus als Bevormundung angesehen wird, vgl. etwa *T. Vesting*, Zur Entwicklung einer „Informationsordnung", in: Festschrift 50 Jahre BVerfG, 2001, Bd. 2, S. 219 (229ff.).

95 Vgl. BVerfGE 124, 300 (320).

beizustehen.[96] Auch auf solche Akte der Moral wird der Staat jedenfalls dann unproblematisch hinwirken können, wenn dies in Form von Anreizen geschieht, wie es etwa bei den verschiedensten Vergünstigungen für Spenden, karitatives Engagement oder ehrenamtliche Tätigkeiten seit jeher gängige Praxis ist.[97] Auch die Begründung einer rechtlichen Verpflichtung mit Sanktionscharakter ist nicht von vornherein ausgeschlossen, wie das Beispiel der Strafbarkeit der unterlassenen Hilfeleistung in Not- und Unglücksfällen zeigt; sie beruht auf einem so breiten Konsens, dass jede kritische Nachfrage ausgeschlossen erscheint. Im Unterschied zur Verrechtlichung einer Pflichtenmoral tragen diese Fälle aber ihre Rechtfertigung nicht schon in sich; sie bedürfen einer zusätzlichen Begründung, deren Anforderungen umso höher werden, je stärker das entsprechende Verhalten zur Pflicht gemacht wird. Hier liegt der Grund dafür, dass etwa die Einführung der Gurt- oder Helmpflicht im Straßenverkehr intuitiv auch mit sozialversicherungsrechtlichen Erwägungen begründet worden ist, so wie etwa auch ein staatliches Programm gegen Übergewichtigkeit oder das Einschreiten gegen bestimmte Formen der Selbstgefährdung immer auch darauf gestützt werden könnten. Ob diese dann im konkreten Fall immer tragfähig sind, ist dann gar nicht entscheidend.[98] Aber es zeigt, dass eben so gut wie nie *nur* Fragen der individuellen Lebensführung im Spiel sind: Niemand ist heute eine Insel, lebt für sich, immer sind auch andere mitbetroffen, wirken sich die Folgen einer Handlung auf andere aus.[99]

In diesem Sinne kann etwa auch gefragt werden, was es für das allgemeine Zusammenleben und die Kultur dieses Zusammenlebens bedeu-

96 Entsprechend *Sidgwicks* Konzept der „virtue“, a.a.O. (Fn. 85).

97 Vgl. oben Fn. 24.

98 Siehe bereits oben zu Fn. 39.

99 Das lässt sich an vielen Beispielen zeigen. So mag sich etwa der Konsument von Pornografie die Eröffnung der entsprechenden Möglichkeit mit dem Argument verteidigen, es handele sich um seine höchst persönliche Angelegenheit, in die sich der Staat nicht einmischen dürfe. Demgegenüber machen Feministinnen seit jeher geltend, Pornografie erniedrige Frauen und führe langfristig zu einer Verfestigung entsprechender gesellschaftlicher Einstellungen, vgl. als Klassiker *A. Dworkin*, Pornography: Men Possessing Women, 1981. Ob das zutreffend ist oder nicht, ist hier gar nicht die Frage; jedenfalls kann – und muss – die Frage letztlich nur politisch entschieden werden, siehe dazu sogleich im Text.

tet, wenn bestimmte Verhaltensweisen um sich greifen, man diese also einem Verallgemeinerungstest unterzieht.[100] So lebt etwa die Nutzung des öffentlichen Raumes als einer Sphäre, die allen gehört und allen in gleicher Weise zugänglich ist, von einem stillschweigenden Einverständnis aller, in dessen Rahmen sich jeder Einzelne ein Stück zurücknimmt, sich im Zaum hält, Distanz und Abstand wahrt, um anderen auf der Grundlage dieses Einverständnisses die gleiche Nutzung zu ermöglichen, vereinfachend also von dem, was man früher einfach Anstandsregeln, Regeln des Takts oder eines gesitteten Umgangs genannt hätte. Wird dieses Einverständnis, um eines der derzeit meist diskutierten Beispiele aufzugreifen, durch öffentlichen Alkoholkonsum mit all den damit verbundenen hässlichen Begleiterscheinungen aufgekündigt, kann sich eine politische Gemeinschaft dagegen zur Wehr setzen, auch wenn dies von den Betreffenden als erzieherisch empfunden werden mag. Das ist es dann durchaus auch, aber es holt insoweit nur nach, was an anderer Stelle versäumt worden oder in Vergessenheit geraten ist.[101] In alledem liegt letztlich die Konsequenz der Erkenntnis, die man geradezu als den zentralen Ertrag der vorhergehenden Betrachtungen ansehen kann: dass die Grenze zwischen einem extrem freiheitsorientierten und einem extrem interventionistischen Staat nicht ein für allemal festliegt, sondern sich auch unter dem normativen Vorrang des Freiheitsprinzips historisch wie politisch in gewissem Umfang als verschiebbar erweist.[102] Über ihren genauen Verlauf kann deshalb immer nur in der demokratischen Selbstverständigung der Staatsbürger entschieden werden. Diese bildet dementsprechend einen eigenen Legitimationstitel, dessen Berechtigung nicht vorschnell mit dem Argument beiseitegeschoben werden darf, er sei mit einer liberalen Konzeption des Staates unverträglich, all

100 Vgl. *H. M. Heinig*, Paternalismus im Sozialstaat, in: M. Anderheiden u.a. (Hrsg.), Paternalismus und Recht, S. 157 (171); ähnlich für das Problem der aktiven Euthanasie – trotz seines Ausgangspunktes des normativen Individualismus – *D. von der Pfordten*, Paternalismus und die Berücksichtigung des Anderen, ebda., S. 93 (105).

101 Vgl. *Di Fabio* (Fn. 90), S. 76f.: Beim Verlust einer Anstandsregel tritt meist eine Rechtsregel an ihre Stelle.

102 Oben IV. 3.

dies gehe den Staat nichts an und er müsse sich aus solchen Fragen ganz grundsätzlich heraushalten.[103]

3. Das Problem des Paternalismus

Einen noch einmal erhöhten Rechtfertigungsbedarf wirft edukatorisches Staatshandeln dort auf, wo es paternalistischen Charakter annimmt, also für sich in Anspruch nimmt, besser als der Betroffene selbst zu wissen, was für ihn gut ist. Hier sprechen zunächst gute Gründe dafür, im Ausgang von der Alleinzuständigkeit des Einzelnen und dementsprechend von einem Vorrang der eigenen Entscheidung auszugehen: In einer freiheitlichen Ordnung darf sich der Einzelne als Individuum selbst entwerfen, und wo man diesen Entwurf oder seine verschiedenen Einzelanwendungen anderen überlässt, sind, wie man nach aller historischen Erfahrung weiß, dem Missbrauch Tür und Tor geöffnet. Andererseits kann dieser Vorrang entgegen den älteren Grundannahmen der liberalen Staatsphilosophie heute kein absoluter mehr sein, weil seine Grundannahmen brüchig geworden sind.[104] Zugrunde liegt ihm die Vorstellung eines rationalen Individuums, das seine Präferenzen bereits geformt hat und von hier aus selbst am besten entscheiden kann, was seinen Interessen dient. Ausgeblendet wird dabei aber der Vorgang der Formung dieser Präferenzen: In diesen können Faktoren eingehen, die dazu führen, dass die in der Freiheit liegenden Möglichkeiten nicht genutzt werden.[105] Ein Paternalismus, der hier unterstützend und ergänzend eingreift, ist dann nicht per se mit der Idee der Freiheit unverträglich. Zudem hat uns die neuere Verhaltensökonomik darüber belehrt, dass Menschen auch in für sie selbst lebenswichtigen Fragen viel häufiger irrational als

103 Wie hier *Heinig* (Fn. 100), S. 170 f.; darin liegt auch die Rechtfertigung von BVerfG, NJW 1999, 3399 (3401), siehe oben Fn. 36.

104 Für diese älteren Grundannahmen steht das bekannte Brückenbeispiel bei *Mill* (Fn. 73), S. 132f.; in diesem Beispiel geht es darum, ob man jemanden davon abhalten darf, eine einsturzgefährdete Brücke zu betreten, wenn dieser um die Gefahr weiß – was *Mill* im Ergebnis verneint.

105 Vgl. *A. van Aaken*, Begrenzte Rationalität und Paternalismusgefahr: Das Prinzip des schonendsten Paternalismus, in: Anderheiden u.a. (Fn. 22), S. 109 (133f.).

rational handeln: Die Kapazitäten zur Informationsaufnahme und -verarbeitung sind typischerweise begrenzt; wir können in der Regel schon nicht rational zwischen kurzfristigen und langfristigen Interessen gewichten; aufgrund einer überoptimistischen Disposition neigen wir alle dazu, Risiken systematisch zu unterschätzen; oft ändern sich auch unsere Einstellungen zu grundlegenden Verhaltensalternativen innerhalb eines Tages; und oft ist es nur eine Folge der jeweiligen äußeren Rahmenbedingungen, wie wir uns entscheiden.[106] Bekanntes Beispiel ist etwa der Organisationsgrad in einer Sozialversicherung (einer Gewerkschaft, einer Kirche etc.), der sich fundamental danach unterscheidet, ob die Mitgliedschaft nach einem Opt-in- oder einem Opt-out-Modell ausgestaltet ist, ob man sich in sie also erst hineinwählen muss oder ob man automatisch Mitglied ist, sich aber daraus wieder herauswählen kann. Im zweiten Fall ist der Organisationsgrad immer ganz signifikant höher – und dies bei ansonsten identischen Vor- und Nachteilen.
Gerade an dieser Stelle setzt die Idee eines weichen, sanften oder liberalen Paternalismus an, der Menschen helfen will, sich rationaler zu entscheiden, ohne sie unmittelbar zu zwingen. Das zentrale Mittel sollen dementsprechend vor allem „Anstöße" und Veränderungen des äußeren Handlungskontextes sein.[107] Die Funktionsweise lässt sich an der Darreichung von Speisen in der Mensa einer amerikanischen Universität illustrieren, an der es, unterstellen wir, besonders viele Übergewichtige gibt. Ein strenger Liberaler würde dessen ungeachtet jeden obrigkeitlichen Einfluss auf den Speiseplan ablehnen und sagen, jeder Mensch dürfe kraft seiner Freiheit selbst entscheiden, ob er Obst oder Schokoladenpudding zum Dessert wolle. Ein harter Paternalist würde dafür plädieren, den Schokoladenpudding in dieser Lage ganz aus dem Angebot zu nehmen. Demgegenüber lässt der weiche Paternalist die Auswahl grundsätzlich zu, platziert aber den Pudding im Regal hinter den Früchten, so dass man sich mehr strecken muss, um an ihn heranzukommen. Entsprechende Versuche haben gezeigt, dass in diesem Fall

106 Im Einzelnen *H. Eidenmüller*, Liberaler Paternalismus, JZ 2011, 814 (815ff.); *van Aaken* (Fn. 105), S. 112ff.

107 Programmatisch *C. Sunstein/R. Thaler*, Nudge: Improving Decisions about Health, Wealth, and Happiness?, 2009, S. 4ff.; ähnlich schon *dies.*, Libertarian Paternalism is Not an Oxymoron, The University of Chicago Law Review 70 (2003), 1159ff.

im Ergebnis tatsächlich mehr Leute zu den Früchten greifen. Hierzulande ist die vieldiskutierte „Ampel“ auf Lebensmitteln, die nach massiven Interventionen der entsprechenden Lobby vorerst vom Tisch ist, ein möglicher Anwendungsfall.[108] Ohne dass man dies im Einzelnen bewertet, zeigt es doch, wie sich die Diskussion vom klassischen liberalen Paradigma – jeder Einzelne weiß selbst am besten, was gut für ihn ist – wegbewegt hat und längst zu anderen Stufen der Differenzierung vorgedrungen ist. Paternalismus ist deshalb nicht gleich Paternalismus, und auch die Rechtfertigung wird zwischen verschiedenen Konstellationen und Erscheinungsformen differenzieren müssen.[109] Natürlich lassen sich dann bestimmte Extreme paternalistischen Handelns wie etwa ein vollständiges Verbot jeder Art von Selbstgefährdung als von vornherein unzulässig ausschließen. Aber außerhalb der philosophischen Diskussion, die sich an solchen Beispielen abarbeitet, schlägt das auch niemand ernsthaft vor. Entgegensteuern lässt sich den wirkmächtigen Tendenzen in diese Richtung daher auch hier kaum mit den Mitteln eines nach der reinen Lehre liberaler Philosophie ausgelegten Verfassungsrechts, sondern nur in jenen Diskursen gesellschaftlicher und demokratischer Selbstverständigung, in denen solche Tendenzen überhaupt erst artikuliert werden.

108 Zu den Diskussionen siehe BT-Drucks. 16/6788 und BT-Drucks. 16/7726. Der Mechanismus ist hier letztlich derselbe; der Konsument kann nach wie vor zu Bonbons oder Kartoffelchips greifen, muss dazu aber die innere Hürde überwinden, die im Übertreten einer roten Ampel nun einmal liegt.

109 So – mit je unterschiedlicher Schwerpunktsetzung – *Heinig* (Fn. 100), S. 170f.; *von der Pfordten* (Fn. 100), S. 93ff.; *van Aaken* (Fn. 105), S. 133ff.

VI. Einsicht zum Ende

Indessen geschieht eben all dies weithin nicht gegen die Bürger, sondern mit ihnen und mit ihrer Rückendeckung, und es vollzieht nur die allgemeine Entwicklung einer Gesellschaft nach, die mit den Jahren zunehmend ins Moralisieren gekommen ist. Selbst das Einkaufen und die Nahrungsaufnahme sind mittlerweile ja zu moralischen Akten erklärt, die die umständlichsten Überlegungen darüber erforderlich machen, ob der Händler, bei dem man sich eindeckt, seine Mitarbeiter nicht ausbeutet, ob die jeweiligen Güter ökologisch produziert sind oder ob sie auf dem Weltmarkt zu fairen Preisen gehandelt werden. Das Problem des Ganzen liegt dann eher in der Tendenz zur Übermoralisierung im Sinne einer Praxis, die – einmal in Gang gesetzt – aus sich heraus gar keine Grenzen mehr kennt. Wo es um die Durchsetzung eines für moralisch richtig Erkannten geht, befindet sich der Staat immer latent auf dem Kreuzzug, und wehe dem, der erst einmal als möglicher Gegner entdeckt ist. Während es heute die Raucher sind, können es morgen die Genusstrinker, die Übergewichtigen oder die Faulen sein, denen von einem je entgegengesetzten Standpunkt aus bedeutet wird, dass sie an ihrer Einstellung zu sich und der Welt, die sie umgibt, noch arbeiten müssen.[110] Den Ton geben dann nur noch die Abstinenzler und die Tugendhaften, die Gerechten und die Selbstgerechten an, mit denen man es im persönlichen Umgang meist nicht lange aushält. Wie sich demgegenüber auch von einem ganz entgegengesetzten Staats- und Weltbild aus ein vernünftiger Sinn für die Grenzen dieser Praxis entwickeln lässt, zeigt ein ganz alter Text, auf den ich durch die Lektüre eines Aufsatzes von Ernst-Wolfgang Böckenförde gestoßen bin.[111] Alt aber ist er nur in diesem Ausgangspunkt und vom Zeitpunkt seiner Entstehung her, wäh-

110 Siehe als Beispiel etwa die Praxis der mit 110 Millionen Euro im Jahr ausgestatteten „Australian National Preventive Health Agency", die ihre Aufgabe wie folgt beschreibt: Interventionen in Vorschulen, Schulen, Arbeitsplätzen und Kommunen zur Unterstützung von Änderungen des Verhaltens in den sozialen Kontexten des Alltagslebens mit besonderer Konzentration auf schlechte Ernährung, mangelnde körperliche Ertüchtigung, Rauchen und exzessiven Alkoholkonsum, vgl. Fn. 7.

111 *Ders.*, Staatliches Recht und sittliche Ordnung, jetzt in: ders., Staat, Nation, Europa, 1999, S. 208ff.; daran angelehnt auch die folgenden Überlegungen.

rend er sich in seinen praktischen Folgerungen als von verblüffender Aktualität erweist; lässt man ihn nur auf sich wirken, kommt man unweigerlich ins Grübeln, ob wir in der entscheidenden Frage heute, viele Jahrhunderte später und über alle Umwälzungen der Weltbilder hinweg, wirklich so viel weiter gekommen sind.
Der Text stammt aus der Summa Theologiae des Thomas von Aquin, und er steht unter der leitenden Fragestellung, ob das menschliche Gesetz die Aufgabe hat, alle Laster zu verhindern.[112] Dazu werden zunächst in guter scholastischer Tradition zwei Autoritäten zitiert, von denen die eine die Frage bejaht, die andere sie hingegen verneint. Die eigene Antwort des Thomas nimmt ihren Ausgang von einem Satz des Aristoteles: Der „Maßstab", so lautet dieser Satz, muss selber „dem Gemessenen gleichgeartet sein" („Mensura … debet esse homogenea mensurato"). Für das Gesetz als den Maßstab menschlicher Handlungen ist das eine folgenreiche Erkenntnis. Es darf, nimmt man sie ernst, nicht einseitig einer defizienten Wirklichkeit gegenübergestellt werden, sondern muss sich selber an dieser orientieren, wird von ihr seinerseits mitgeformt und mitgeprägt. Rücksicht nehmen muss es insoweit auch darauf, dass es dem Menschen als Mangelwesen gegeben wird; es trifft real immer auf einige wenige Tugendhafte, aber auch auf eine Vielzahl von Menschen, die dies nicht oder allenfalls in einem beschränkten Grade sind. Im Ausgangspunkt hält Thomas, insoweit ganz den Beschränkungen seiner Zeit verhaftet, dann zwar weiter daran fest, dass es prinzipiell auch die Aufgabe des Gesetzes ist, die Menschen zur Tugend hinzuführen. Das würde heute niemand mehr so sagen, zumindest nicht offen. Was aber dann kommt, ist ganz pragmatisch und modern: Geschehen soll dies „nicht auf einen Schlag", sondern „Schritt für Schritt", um die Leute nicht zu überfordern und dann möglicherweise auf noch schlimmere Übel verfallen zu lassen. Was es bedeutet, wenn das nicht beherzigt wird, hat man am Fall der amerikanischen Prohibitionsgesetzgebung studieren können. Der Staat von heute ist hier ganz offensichtlich klüger geworden; er greift nicht immer gleich zum Totalverbot, sondern probiert es

112 *Thomas von Aquin*, Summa Theologiae I, II, quaestio 96, art. 2; jetzt in lateinischer und deutscher Fassung enthalten in: Die deutsche Thomas-Ausgabe, Bd. 13: Das Gesetz, 1977, S. 112ff.

zunächst mit Ratschlag und Empfehlung, also mit sanftem Druck, der dann aber sukzessive gesteigert werden kann. Seine „Schritt-für-Schritt"-Politik mag man an der Bekämpfung des Rauchens studieren, die auch verschiedene Eskalationsstufen – von in ihrer Drastik sukzessive gesteigerten Warnhinweisen über die systematische Verteuerung von Tabakprodukten bis hin zu einer allmählichen Verengung der Räume – kennt, bis sich dann am Ende das Totalverbot möglicherweise ganz erübrigt.[113] Gegen all dies bleibt es demgegenüber schon für Thomas dabei, dass durch das Gesetz letztlich nur solche Verhaltensweisen unterbunden werden sollen, „die sich zum Schaden anderer auswirken und ohne deren Verbot die menschliche Gesellschaft keinen Bestand haben könnte". Das können gewalttätige Übergriffe, aber weitergehend auch „Frechheit" und die „Belästigung anderer" sein. Was dies im Einzelnen alles einschließen könnte, darüber mag man nun wieder streiten. Wichtiger und bleibend aber ist die Einsicht, die am Grund des Ganzen liegt: dass der Mensch nicht vollkommen ist und auch durch den Staat nicht dazu gemacht werden kann.

113 Eine Verschärfung der Warnhinweise durch Schock- und Ekelbilder (krebszerfressene Gesichter, amputierte Gliedmaßen etc.) regt seit längerem die EU-Kommission an, s. die Entscheidung der Kommission vom 05/09/2003 über die Verwendung von Farbfotografien oder anderen Abbildungen als gesundheitsbezogene Warnhinweise auf Verpackungen von Tabakerzeugnissen, Nr. C (2003)3184/F; für die Mitgliedstaaten enthält diese derzeit nur einen Vorschlag (vgl. Art. 1 Abs. 2 der Entscheidung).

Uwe Volkmann

1960 geboren

1981–1987	Studium der Rechtswissenschaft in Marburg
1987–1990	Referendariat in Frankfurt a. M., anschließend Tätigkeit als Rechtsanwalt
1992	Promotion in Marburg
1994–1997	wissenschaftlicher Assistent bei Werner Frotscher in Marburg
1997	Habilitation in Marburg
Seit 1999	Professur an der Universität Mainz, 2001 dann Übernahme des Lehrstuhls für Rechtsphilosophie und öffentliches Recht ebda.

Verheiratet, ein Kind

Forschungsschwerpunkte u. a.: Staatslehre, insbes. Veränderungen von Staatlichkeit, Grundrechte, Demokratietheorie, Parteienrecht, Verfassungstheorie

Ausgewählte Veröffentlichungen

Politische Parteien und öffentliche Leistungen, Berlin 1993.

Solidarität – Programm und Prinzip der Verfassung, Tübingen 1998.

Kommentierung des Art. 20 GG (Demokratieprinzip, 88 S.; Republikprinzip, 20 S.) und des Art. 21 GG (188 S.), in: K.-H. Friauf/W. Höfling (Hrsg.), Berliner Kommentar zum Grundgesetz, ab 2001.

Setzt Demokratie den Staat voraus?, AöR 127 (2002), S. 575–611.

Grundrechte und Sozialismus, in: D. Merten/H.-J. Papier (Hrsg.), Handbuch der Grundrechte in Deutschland und Europa, Bd. 1, § 12, Heidelberg 2003, S. 477–522.

Freiheit und Gemeinschaft, in: D. Merten/H.-J. Papier (Hrsg.), Handbuch der Grundrechte in Deutschland und Europa, Bd. 2, § 32, Heidelberg 2006, S. 341–387.

Kulturelles Selbstverständnis als Tabuzone für das Recht?, in: H. Dreier/E. Hilgendorf (Hrsg.), Kulturelle Identität(en) als Grund und Grenze des Rechts, Stuttgart 2008, S. 245–262.

Verfassungsrecht zwischen normativem Anspruch und politischer Wirklichkeit, VVDStRL 67 (2008), S. 57–93.

Freiheit in Bindungen. Beobachtungen zur Rolle des Einzelnen in Hegels Staat, in: W. Pauly (Hrsg.), Der Staat – eine Hieroglyphe der Vernunft, Baden-Baden 2009, S. 155–173.

Leitbildorientierte Verfassungsanwendung, AöR 134 (2009), S. 157–196.

Der Aufstieg der Verfassung, in: S. Korioth/T. Vesting (Hrsg.), Der Eigenwert des Verfassungsrechts, Tübingen 2011, S. 27–39.

Juristischer Studienkurs: Staatsrecht II – Grundrechte, München, 2. Aufl. 2011.

Zeitfracht Medien GmbH
Ferdinand-Jühlke-Straße 7
99095 Erfurt, Deutschland
produktsicherheit@kolibri360.de